HIWMOR
Tri Chardi
Llengar

I Craig, Steve a Trystan,
fy meibion yng nghyfraith

HIWMOR Tri Chardi Llengar

Moc Rogers, Tegwyn Jones a Hywel Teifi

GERAINT H. JENKINS

y Lolfa

Argraffiad cyntaf: 2023
© Hawlfraint Geraint H Jenkins a'r Lolfa Cyf., 2023

Mae hawlfraint ar gynnwys y llyfr hwn ac mae'n anghyfreithlon
llungopïo neu atgynhyrchu unrhyw ran ohono trwy unrhyw
ddull ac at unrhyw bwrpas (ar wahân i adolygu) heb gytundeb
ysgrifenedig y cyhoeddwyr ymlaen llaw

Dymuna'r cyhoeddwyr gydnabod cymorth ariannol
Cyngor Llyfrau Cymru

Cynllun y clawr: Y Lolfa

Rhif Llyfr Rhyngwladol: 978 1 80099 489 8

Cyhoeddwyd, rhwymwyd ac argraffwyd yng Nghymru gan
Y Lolfa Cyf., Talybont, Ceredigion SY24 5HE
gwefan www.ylolfa.com
e-bost ylolfa@ylolfa.com
ffôn 01970 832 304

Rhagymadrodd

'HIRED Y BU Cymry yn dyfod i weled gwerth hiwmor mewn bywyd.' Ym 1917 yr ysgrifennodd T. Mardy Rees y geiriau hyn. Adleisiwyd ei gŵyn yn y blynyddoedd rhwng y ddau ryfel byd gan y digrifwr o Gardi, Idwal Jones, ac ofnaf fod rhyw duedd biwritanaidd ynom o hyd sy'n peri i ni dynnu gwep pan gyhoeddir unrhyw beth yn Gymraeg sy'n debygol o beri i bobl wenu a hyd yn oed chwerthin. Yn fwy penodol, ofnaf fod rhai yn ein plith sy'n dal i gredu'r hen chwedloniaeth fod y Cardis yn bobl grintach, hir eu gwep a dihiwmor. Y feddyginiaeth orau ar gyfer y fath glefyd heintus yw darllen ac ailddarllen cyfrol fach Emyr Llywelyn, *Hiwmor y Cardi*, sy'n dangos yn eglur fod gwerin-bobl y sir hon yn llawn ffraethineb a doniolwch. A gafwyd Eisteddfod Genedlaethol hapusach erioed na'r eisteddfod gofiadwy a gynhaliwyd yn Nhregaron y llynedd? A beth am yr oriel odidog o gymeriadau llengar difyr a fagwyd yma ac a roddodd y fath bleser i ddarllenwyr ledled Cymru: Sarnicol, Idwal Jones, D. Jacob Davies, Bois y Cilie, Cassie Davies, Eirwyn Pontsiân, T. Llew Jones, Dic Jones, W. J. Gruffydd, Lyn Ebenezer a sawl un arall.

Yn y gyfrol hon rwyf am ychwanegu tri gŵr diddan tu hwnt at yr oriel hon, tri sy'n cynnig prawf pellach, petai angen hynny, fod yr hiwmor gorau, heb sôn am bob rhyw hyfrydwch, i'w cael yng Ngheredigion: William Morgan (Moc) Rogers, Tegwyn Jones a Hywel Teifi Edwards. Dim ond un ohonynt sy'n dal ar dir y byw, sef Tegwyn Jones, sydd bellach yn 87 oed ac yn dal i'n diddanu. Roedd y triawd hwn yn ffrindiau pennaf: tri Chardi 'o'r groth', chwedl Dr Tom Richards; tri enaid hoff cytûn; tri o dras werinol; tri a astudiodd yn y Coleg ger y Lli, gan ennill gradd anrhydedd yn y Gymraeg; tri a dreuliodd eu swyddi cyntaf yn dysgu'r heniaith yn ysgolion uwchradd cymoedd sir Forgannwg; tri a gafodd hyd i wraig gallach na nhw yn ne Cymru; a thri a ddringodd i swyddi allweddol bwysig: Moc oedd cyfieithydd proffesiynol cyntaf y Swyddfa Gymreig, roedd Tegwyn yn un o olygyddion Geiriadur Prifysgol Cymru, a phenodwyd Hywel i swydd athro cadeiriol y Gymraeg ym Mhrifysgol Abertawe. Tair swydd, felly, a oedd yn nwylo tri llenor cyfoethog eu Cymraeg a wyddai hefyd sut i gosi'r dychymyg, i dynnu coes ac i beri i bobl chwerthin yn braf.

Yn ôl y gwybodusion, mae tair nodwedd yn perthyn i bob hanesydd neu hanesydd llên da: synnwyr o'r gorffennol, synnwyr cyffredin a synnwyr digrifwch. Fe gewch y rheini 'yn dalpe' gan Moc, Tegwyn a Hywel, ac er nad yw eu hiwmor a'u ffraethineb yr un fath, mae gwaith y tri yn cadarnhau'r hen air mai 'sir pob sir yw sir Aberteifi'.

PENNOD 1

WILLIAM MORGAN (MOC) ROGERS

UN O LENORION gorau a mwyaf ffraeth Ffair-rhos oedd William Morgan Rogers neu Moc Rogers, fel y'i gelwid gan ei gyfeillion. Ac mae'n hen bryd iddo gael sylw haeddiannol gennym. A wyddoch chi fod neb llai na Dic Jones, wrth feirniadu casgliad buddugol Moc o bortreadau o rai o gymeriadau Ffair-rhos yn Eisteddfod Pantyfedwen ym 1976, wedi dweud y gellid cymharu ei waith â phethau gorau T. H. Parry-Williams a D. J. Williams? Yn wir, aeth mor bell â honni mai hwn oedd y darn o waith gorau iddo ei feirniadu erioed. Roedd Moc yn 42 oed ar y pryd ac, ar ôl derbyn y goron a gwobr o £100, dywedodd ei fod wedi llunio portreadau o werinwyr tlawd a di-nod Ffair-rhos, sef bro ei enedigaeth. 'Roeddynt ar waelod yr ysgol gymdeithasol', meddai, 'a dyma i mi y bobl mwyaf diddorol.' Gyda gwên fach swil, aeth ymlaen i honni bod gwerinwyr ei fro yn dweud pethau cofiadwy heb geisio bod yn fwriadol gofiadwy, ac nad oedd ganddo ddim diddordeb mewn pobl lwyddiannus oherwydd eu bod yn rhy debyg i'w gilydd! Gwladwr nodedig iawn oedd

Moc ac ni chollodd ei gysylltiad â'i henfro na'i afael ar ei thafodiaith arbennig. Y mae hefyd yn enghraifft nodedig o hiwmor tawel gwerin cefn gwlad. Ni ellir ei gyfrif ymhlith y sawl sy'n peri i wrandawr neu ddarllenydd chwerthin yn afreolus. Arall oedd ei ddawn ef.

Fel y gŵyr y cyfarwydd, ardal enwog am ei beirdd a'i llenorion yw Ffair-rhos, ond mae hi hefyd wedi magu myrdd o chwedleuwyr a storïwyr gwyrthiol, gwerinwyr a oedd yn deall cyfaredd geiriau ac yn llawn awydd i ddifyrru eraill. Honnai Moc mai yno y daeth ar draws rhai o'r 'clebrwyr a'r nyddwyr ffregodau mwyaf carlamus a fu erioed'. Byddai'r rhain yn ceisio cael mynediad weithiau i seiadau'r beirdd yng ngweithdy Tomos Evans y crydd ac yn esgus cymeradwyo gwaith y prifeirdd cyn arllwys gwawd am ben y prydyddion talcen slip (ac roedd ambell un i'w gael) yn ymarfer eu crefft yno. Evan J. Jenkins (1895-1959), mab i fwynwr ac awdur *Cerddi Ffair Rhos* (1959), oedd tad cydnabyddedig y nythaid o feirdd a frigodd yn Ffair-rhos, yn eu plith enwogion fel Dafydd Jones, W. J. Gruffydd a Jac Oliver, ac roedd yn hawdd credu bod pob yn ail faban gwryw wedi ei eni i fod yn fardd disglair ac yn enillydd cadeiriau eisteddfodol. Yn ôl T. Llew Jones, cyfaredd Evan Jenkins a fu'n gyfrifol am statws Ffair-rhos fel 'Pentref y Beirdd'. Gwaetha'r modd, er iddo gael ei fagu yn sŵn pryddest, awdl ac englyn, ni lwyddodd Moc i ddringo'n uchel iawn yn y maes cyfrin hwn. Er iddo ddyheu am gael doniau bardd a'r wefr o ennill cadair yn yr eisteddfod genedlaethol rhyw ddydd, chwalwyd ei obeithion ar ôl i ryw feirniad anghynnes ddatgan o'r llwyfan fod unfed delyneg ar ddeg Moc 'mor arw â chart yn mynd dros lond hewl o gerrig'. Os chwiliwch yn ddyfal yn rhifynnau'r cylchgrawn *Blodau'r Ffair*, fe ddewch ar draws telyneg fechan gan Moc i'r bugail, cerdd sy'n awgrymu nad oedd y beirniad eisteddfodol a dorrodd ei galon ymhell o'i le.

Gan nad oedd pawb yn y fro o bell ffordd yn gallu saernïo pennill call, gwell peidio â gor-ramanteiddio Ffair-rhos a'i phobl. Nid yw'n gyrchfan i bobl sy'n hoff o dorheulo neu chwarae criced. Mae'n ardal noethlwm a'i thir yn fawnog ac yn gorsiog. Caiff fwy na'i siâr o law, rhew ac eira yn y gaeaf a brwydr feunyddiol i ddal y ddeupen ynghyd a wynebai cenedlaethau o ffermwyr bach a thyddynwyr a drigai rhwng Ysbyty Ystwyth a Phontrhydfendigaid neu y Bont, fel y'i gelwir gan bawb. Ac fe wyddai Moc Rogers cystal â neb nad gwlad hud a lledrith oedd Ffair-rhos. Onid oedd Ieuan Fardd, ysgolhaig mwyaf Ystradmeurig, wedi dweud nad oedd dim byd ond 'blew garw'n blaguro yno' a'r teithiwr sylwgar George Borrow wedi cyfeirio at y pentref fel lle 'truenus'? Wedi dweud hyn, dylid ychwanegu bod y rhai sy'n byw yn Ffair-rhos heddiw, ac yn eithaf cyfforddus eu byd, yn mynnu eu bod yn eu seithfed nef. Hawdd derbyn eu gair.

Mab ffarm oedd Moc, unig blentyn Elizabeth, née Lloyd, a Morgan Rogers. Roedd ei rieni, ill dau, yn blant i weithwyr plwm. Honnai Moc nad oedd y teulu Rogers, yn wahanol i lawer o deuluoedd eraill, yn fodlon 'ymgreinio i feistr tir neu gapten gwaith plwm'. Hanai ei fam, merch i weithiwr plwm, o Bant-gwyn, Gwnnws Uchaf, a'i dad o fferm Llwyngwyddyl yn ucheldir Ffair-rhos. Priodwyd y ddau ar 26 Ebrill 1911, gan fwrw gwreiddiau yn Llwyngwyddyl cyn symud tua 1930 i Lwyn-llwyd, fferm fwy sylweddol gerllaw, lle ganwyd Moc ar 26 Ionawr 1934. O hynny ymlaen, gelwid ef yn Wil Moc ar yr aelwyd, ond i bawb yn Ffair-rhos a'r Bont, Moc Llwyn-llwyd ydoedd. Erbyn iddo weld golau dydd roedd y dyddiau diwydiannol llewyrchus wedi hen beidio a dim llawer i atgoffa

ymwelwyr o'r mwynfeydd prysur ac eithrio, chwedl Moc
ei hun, 'hylog ar ben hylog las a lefel a thŷ powdwr a
"dingle" a bythynnod gwag'.

Bachgen tawel ac addfwyn fu Moc o'r cychwyn, ac
yn Ysgol Pontrhydfendigaid fe'i dysgwyd i barchu ei
fro a'i phobl, ac i werthfawrogi ei dreftadaeth lenyddol.
Sylweddolodd ei rieni yn bur gynnar nad oedd deunydd
ffarmwr ynddo. Ar ddiwrnod cneifio neu ladd gwair,
byddai Moc yn 'diflannu' er mwyn cael llonydd i ddarllen
llyfr mewn sgubor neu feudy. Ac fel y dengys llun nodedig
ohono, mae'n amlwg ei fod yn gwybod am yr hen goel
fod cwato mewn whilber yn peri ei fod yn anweledig i
bawb arall! Ar ddiwrnod lladd mochyn byddai'n rhedeg
i'r tŷ 'rhag clywed yr ysgrechian a rhag gweld y gwaed'.
Ond roedd yn fwy na hapus i gicio pledren mochyn
'yn orfoleddus dros ben' gyda'i ffrindiau. Ac fel hyn y
disgrifiodd – yn fachog iawn – y wefr o dorri'r Saboth:

Trannoeth ynghysgod y bont ac o olwg y byd, cawsom gêm
ddi-sôn-amdani ar ein ffordd o'r Ysgol Sul. Duw'r Ysgol Sul
a roddodd y pledrenni i'r moch. Ar ein rhieni roedd y bai am
ladd y moch bob blwyddyn, ac roedd Duw Ifan y llofrudd
a Duw yr Ysgol Sul yn gariad i bawb, ac ni fyddai'n digio
am i ni dorri un Saboth bach, yn awr ac yn y man. Roedd
chwysu'n fwy peryglus; pechod oedd chwysu yn y dillad glân,
a phwy a wyddai na chaem ein galw i gyfrif tra oedd brain
gwynion a llygaid cario cleps ym môn y perthi wrth bont y
lein? Mae dillad cig rhost mor frau bob tamaid â breuddwyd
pêl-droediwr dengmlwydd.

Bu direidi bachgennaidd Moc yn rhan annatod
ohono weddill ei oes. Felly hefyd ei wisg. Crwt anniben
ydoedd a byddai ei dei bob amser yn sgi-wiff. Ond roedd
ei lawysgrifen, er yn fach, yn rhyfeddol o daclus. Gan

ei fod yn dyheu am gwmni pobl ifanc, ymaelododd â chlwb Ffermwyr Ifanc Ystrad-fflur a daeth yn aelod o'i dîm siarad cyhoeddus. Cyfoethogodd hynny ei ddawn dweud naturiol, a magodd ddigon o hyder i gellwair â'i gyfoedion yn y Bont, pentref a oedd yn llawn cymeriadau lliwgar a drygionus, y rhan fwyaf ohonynt yn berchen llysenwau anesboniadwy i ddieithriaid. Byddai rhai o'r criw beiddgar hwn yn mynnu mai plant siawns mynachod Ystrad-fflur oedd llenorion Ffair-rhos. Ateb bachog Moc i'r cyhuddiad dreng hwn oedd: 'Disgynyddion Abram a ymsefydlodd ar y bryniau, ond rhai didoriad ac anwaraidd oedd disgynyddion Lot a drigai yn y gwastadedd.' Roedd bechgyn y Bont, fel y gwn yn dda o brofiad, yn gallu bod yn fileinig ar faes pêl-droed, a byddai Moc yn tynnu eu coes drwy honni na ddigwyddodd ddim byd o bwys yn y Bont rhwng claddu Dafydd ap Gwilym ym mynwent y fynachlog a dyfodiad y noddwr hael Syr David James i Bantyfedwen dros bum can mlynedd yn ddiweddarach!

Ni allai fod wedi cael gwell cynhysgaeth na'r hyn a gafodd yn Ysgol Uwchradd Tregaron, un o'r pum ysgol uwchradd a sefydlwyd yng Ngheredigion yn sgil Deddf Ganolradd 1889. Fe'i hagorwyd mewn adeilad dros dro ym mis Mai 1897 ac yna, ddwy flynedd yn ddiweddarach, agorwyd adeilad newydd sbon i ddathlu 'agor priffordd o ddrws y bwthyn i deml yr athrofa'. Ymhlith y cyn-ddisgyblion disglair, roedd un yn sefyll allan, yn ôl Moc. Yr hanesydd a'r cenedlaetholwr tanbaid, Ambrose Bebb, oedd hwnnw: 'Ar wahanol adegau cofiaf ddarllen 'Ein Hen Hen Hanes', 'Hil a Hwyl y Castell', 'Dial y Tir', 'Dyddiadur 1945' ac 'Argyfwng' – a phob un ohonynt yn eu ffordd yn gadael ei ôl arnaf.' Droeon dywedodd na 'fynnwn arlwy ragorach nag a gefais ganddo'. Dysgodd hefyd ar ei gof ddarnau hir o *Meini Gwagedd* gan J. Kitchener Davies a chael blas rhyfeddol ar ddyfynnu allan o'r ddrama ar y ffald, er mawr ddifyrrwch i'r anifeiliaid. Bachgen myfyrgar ydoedd ac roedd ganddo duedd i ddehongli pethau'n wahanol i'w ffrindiau ac i weld yr ochr ddoniol i bethau mewn ffordd wahanol hefyd. Er bod y mwyafrif o athrawon Tregaron yn Gymry Cymraeg, yn Saesneg y byddent yn cynnal eu gwersi, ac eithrio yn yr adrannau Cymraeg, Ysgrythur a Hanes. Ond Cymraeg oedd yr iaith ar y buarth chwarae ac ar ymron pob aelwyd yn y dref a'r plwyfi gwledig o'i chwmpas. O safbwynt ei ddatblygiad fel llenor, bu Moc yn ffodus iawn i sefydlu perthynas â John Roderick Rees, Pen-uwch, bardd o fri ac athro Cymraeg penigamp (tybiai Lyn Ebenezer mai ef oedd 'yr athro Cymraeg gorau a anwyd erioed!'). Er bod Moc wedi gadael yr ysgol cyn i Jack Rees gael ei benodi ym 1957, roedd eisoes yn ei edmygu'n fawr ac yn ddibynnol ar ei gyngor a'i eirda.

Y cam nesaf i Moc oedd dilyn llwybr cynifer o gyn-ddisgyblion Ysgol Uwchradd Tregaron, sef cofrestru yn y Coleg ger y Lli ym mis Hydref 1953 a chael y profiad diangof o glywed llais myfyriwr ifanc hyderus o Landdewi Aber-arth o'r enw Hywel Teifi Edwards:

> Yn y coleg, hydref '53, y *clywais* i Hywel Teifi Edwards am y tro cynta. Roeddwn i wedi'i weld e cyn hynny – slingyn main a rhywbeth tebyg i grewcut yn whare i dîm criced Ysgol Aberaeron. I fatiwr rhif 6 Ysgol Tregaron, roedd e'n bowlio'n *ffast*. Fe gododd ryw gymaint o ofan arna i o'r cychwyn. Fe sgores beder *single*.

A dyna sefydlu perthynas a barhaodd hyd ddiwedd ei oes. Yn amlach na pheidio, byddent yn cyrchu gyda'r nos i dafarn y 'Crystal Palace' yn Heol y Frenhines, man cyfarfod poblogaidd ymhlith myfyrwyr y dref. Hwn, meddai Moc, oedd 'ein cartref ysbrydol', lle i yfed peint neu ddau (cofier mai yn y pumdegau, pan na fyddai myfyrwyr yn mynd dros ben llestri, oedd hyn!) ac i chwarae dartiau. Yno, hefyd, y dechreuodd 'Aberon', sef llysenw Hywel, amrywio a chyfoethogi ei regfeydd! A byddai cryn gellwair yn digwydd ar lawr y dafarn:

Mrs Lewis, y dafarnwraig: 'Where is the tall one tonight?'
Ninnau: 'Can't afford the time, he takes so much longer than most to learn his work.'
Mrs Lewis: 'I don't believe you. The tall one is very clever.'

Ac o hynny ymlaen am rai wythnosau, 'the tall one is very clever' fuodd hi, yn ôl Moc, wrth gofio am y bwrlwm o sgwrsio a thynnu coes a ddigwyddai rhwng y ddau Gardi. Hwyrach mai dyma'r adeg hefyd pan ddaeth Moc yn ysmygwr trwm. Ni fyddai'n mynd i'r unman heb ei getyn ac ni fyddai chwaith yn ymfflamychu nac yn rhegi, ac eithrio pan fyddai ei bibell ar goll neu wedi torri'n yfflon. Fel y rhan fwyaf o fyfyrwyr bryd hynny, doedd dim angen cadw ei drwyn ar y maen. Astudiai'n ddyfal, yn enwedig wedi iddo weld copi o'r cwestiynau a osodwyd yn arholiadau terfynol Adran y Gymraeg yn ystod haf 1953. Byddai'r to presennol yn gwelwi pe disgwylid iddynt ddygymod â chwestiwn fel hwn, er enghraifft:

Ymdriniwch â chynnwys Awdl Dinystr Jerusalem a'r bryddest ar Yr Atgyfodiad gan Eben Fardd. Ysgrifennwch nodiad ar fesurau'r awdl a mesur y bryddest, a rhoi barn Eben Fardd ar y mesurau. A yw'r awdl a'r bryddest yn arwrgerddi? A oedd beirdd Cymru tan anfanteision wrth lunio arwrgerddi?

Dyna i chi bum cwestiwn yn esgus bod yn un! Yn rhifyn LXXIX (1957) o'r Ddraig, cylchgrawn

llenyddol y myfyrwyr, y cyhoeddodd Moc, hyd y
gwyddom, ei ysgrif gyntaf, a hynny dan y ffugenw 'Hen
Ŷd y Wlad'. Ysgrif fer deimladwy ydyw, yn adrodd hanes
Ifan a Marged yn byw bywyd o gyni a slafdod ar fferm
Rhenga wrth i'r hen gymdeithas wledig ddadfeilio yn sgil
diboblogi a mewnlifiad teuluoedd anghyfiaith o Loegr.
Dylai unrhyw sy'n dal i gredu mai rhyw Afallon deg oedd
Ffair-rhos ei darllen. Dyma flas ar fywyd gwerin-bobl
cyffredin, Cymraeg eu hiaith, wrth geisio dygymod â gaeaf
caled unwaith eto:

> Y mae'n Siberia o oer a gwynt traed y meirw yn erlid defaid
> Pen Bannau a'r Graig Fach i gilfachau Nant Mynaches. Aeth
> plant y Bont i sglefrio ar lyn Cwm Mawr pan oedd dŵr y
> Felin yn goncrit corn, a phorfeydd Cors Caron yn winau fel
> mynyglau meirch melynion yn ysgwyd yn y gwynt. Heddiw
> am y tro cyntaf erioed, gwelais liw y gwynt yn ymsymud
> yn ysbryd llwyr aflonydd dros Gilfach-y-Rhew. Gwelwch
> yr adar eira fel angladd anhrefnus rhwng pridd y wadd, a
> hwythau'n fythynnod gwyngalchog yn nholciau'r tir fel tai
> eisin ar gacen Nadolig. Tynnodd pob un o'r trigolion tua'r
> dreflan. Rhoddwch ragor o fawn ar y tân. Dawnsia'r fflam
> yn y lamp baraffin ar fwrdd y gegin a'r heli sych yn berlau
> arian ar ystlysau'r cig moch tan y llofft. Ni ellir gwrthsefyll
> unrhyw aeaf ar dir yr ymylon heb gig mochyn, bara ffwrn
> wal a chwrdd dydd Sul. Chwithau holl wyntoedd Rhagfyr,
> chwythwch dros Ros Man Gwelw a phoered y nos gynnar, os
> myn, ei glafoerion eira.

Er mai prentiswaith myfyriwr ifanc ydyw, mae'n dal yn
ffynhonnell o bwys sy'n tystio i allu Moc i ymuniaethu â
phroblemau pobl cyfyng eu hamgylchiadau yn ei gynefin
ac i'w mynegi yn loyw. Mae'n ddarn sobreiddiol sy'n
ein hatgoffa mai tynged cynifer o ddyddynwyr, crefftwyr
a mwynwyr oedd caledwaith am oes gyfan a marw cyn

pryd. Meddai un o'i gyd-fyfyrwyr: 'Dyma un o'r pethau gorau a ddarllenais yn *Y Ddraig* erioed.' Beth bynnag, erbyn hyn roedd Moc wedi dal y dwymyn gystadlu. Wedi graddio gydag anrhydedd yn y Gymraeg ym 1956, ac yntau bellach yn llai swil a diymhongar nag o'r blaen, dechreuodd anfon rhai o'i ysgrifau at eisteddfodau lleol, gan fagu mwy o hyder wrth ennill ambell wobr sylweddol am lunio portreadau cofiadwy o rai o gymeriadau Ffair-rhos. Dyfnhaodd ei gariad at ei henfro a'i phobl pan orfodwyd ef, wedi treulio blwyddyn yn dysgu bod yn athro, i chwilio am swydd fel athro yn ne Cymru. Bwriodd brentisiaeth lem yn Ysgol Uwchradd Rhymni i ddechrau cyn ei benodi'n athro Cymraeg Ysgol Ramadeg y Bechgyn ym Mhen-y-bont ar Ogwr. Talcen caled oedd hwn i Sioni Cymraeg dibrofiad o Geredigion gan nad oedd gan ei ddisgyblion unrhyw grap ar y Gymraeg:

> Saeson o ran iaith yw plant ein hysgol ni [sylwer ar y 'ni'], a Saeson o ran gwaed yw amryw byd ohonynt. Fel Saeson y canant yn y gwasanaeth. Lleisiau croes digynghanedd a neb yn poeni sut na pham, a'r prifathro'n hongian fel drych wrth ei lectern.

Ond roedd llawer o gymeriadau hoffus ymhlith y disgyblion a lwyddodd i ennill calon Moc am eu bod mor ddiniwed o ffraeth: 'My grandpa speaks Welsh fluently', meddai'r crwt Dic Rees wrtho, 'but he does not know any mutations.' Ac meddai crwt arall o'r dref, 'There are books, all in deep Welsh in our house.' A dychmygodd Moc weld Mr E. D. Jones [Y Llyfrgellydd] o'r Llyfrgell Genedlaethol yn 'rhuthro i'r Sowth er mwyn cael gafael yn y llyfrau Cymraeg 'ma', – 'all in deep Welsh'. Ceisiodd Gymreigio enwau rhai o'r plant. Wrth gofrestru enwau plant dosbarth 2 'fel abad gofalus', penderfynodd ailfedyddio crwt o'r enw

Billy Fitzgerald yn Billy ap Gerallt nes i fam y plentyn gwyno'n arw wrth y prifathro. Pa ryfedd i Moc druan ddod i gredu bod mwy o athrawon yn nychu mewn gwallgofdai na neb arall? Ond daliai i wneud ei orau dros y plant. Ar foreau Sadwrn byddai'n codi'n fore er mwyn gwylio tîm dan bymtheg yr ysgol yn chwarae rygbi ac i weini i'w rheidiau: 'Fi oedd y cwac, dyn y sbwng, cefnogwr a rhyw fath o wncwl i gysuro'r pymtheg ar foreau colledus.' Cynhesodd yn arbennig at un aelod o'r tîm, sef un bach pen golau a allai ganu 'O for the wings of a dove' fel angel yn yr ysgol, ond a oedd yn taclo mor ffyrnig ar faes rygbi fel yr âi ias o arswyd drwy'r gwylwyr wrth weld cewri'n cael eu llorio gan y cefnwr bychan. Ei enw oedd J. P. R. Williams!

Dyfnhaodd parch y disgyblion at Moc pan aeth y si ar led ei fod wedi ennill Coron Eisteddfod Powys (chwaer hynaf yr Eisteddfod Genedlaethol), a gynhaliwyd yn Llanfyllin ym mis Mehefin 1959. Cafodd anogaeth neb llai na John Roderick Rees, a oedd, yn sgil ei benodiad ym 1957, yn cael ei gyfrif yr athro mwyaf ysbrydoledig yn Ysgol Uwchradd Tregaron: 'Ymlaen yr eloch, a dwyn clod i Geredigion, tyddynnod y tir uchel, gwreiddyn pob hanfod yn y byd sydd ohoni.' Cyflawnodd Moc yr un gamp eto ymhen tair blynedd, y tro hwn gerbron cynulleidfa luosog iawn yn Eisteddfod Powys a gynhaliwyd dros bedwar diwrnod yng Nghroesoswallt, gan wneud y fath argraff ar Iorwerth C. Peate nes peri iddo ddweud bod ei ysgrifau 'yn llawer gwell na dim a gafwyd yn yr Eisteddfod Genedlaethol ers blynyddoedd'. Ac nid un i siarad ar ei gyfer oedd Dr Peate. A da gan Moc hefyd oedd derbyn cerdyn post oddi wrth Dafydd Henry o Aber-cuch yn ei longyfarch yn hael am brofi bod 'Academi Twm y Crydd yn medi'n dda'.

Dau o feirdd Ffair-rhos, Evan Jenkins a Dafydd Jones, yn trafod eu gwaith yng ngweithdy Tomos Evans y crydd. Yn ôl Moc, 'Mae mwy o feirdd ar bob milltir sgwâr yn Ffair Rhos nag yn unman yn y byd.'

Llwyn-llwyd, y ffermdy braf lle y magwyd Moc.

Moc yn grwt chwech oed gyda'i gi.

Tîm criced Ysgol Uwchradd Tregaron. Moc yw'r ail ddisgybl o'r chwith yn y rhes gefn.
Owain ac Angharad Rogers

Roedd yn well gan Moc ddarllen llyfr mewn whilber ar ffald Llwyn-llwyd na gweithio gyda chaib a rhaw.

Owain ac Angharad Rogers

Yn ôl ei ferch Angharad, roedd pibell a llyfr yn llaw Moc o fore gwyn tan nos: 'Pan fydden ni'n mynd ar drip i'r dre [Caerdydd] ar fws *double decker*, Rhif 19, bydde ni'n dou yn anelu am 'ein sedd ni' ar y llawr top, a'r peth cyntaf a wnâi Dad yn ddi-ffael fyddai tanio'i bibell o dan yr arwydd 'No Smoking'. O'n i wastad yn meddwl ei fod yn foi a hanner am wneud!'
Owain ac Angharad Rogers

Moc yn gwisgo coron Eisteddfod Powys, Croesoswallt, 1962.
Owain ac Angharad Rogers

Y seremoni coroni yn Eisteddfod Powys, Croesoswallt. Y Derwydd Gweinyddol oedd Idris Baldwin Williams (Idris ap Harri), tad Hedd Bleddyn.
Owain ac Angharad Rogers

Coron y Bont i hen law ar gymeriadau

Disgrifiwyd y portreadau buddugol, a enillodd i frodor o Ffair Rhos Goron Eisteddfodau Pantyfedwen, fel llenyddiaeth y gellid ei gymharu â phethau gorau T. H. Parry Williams a D. J. Williams.

Y Prifardd Dafydd Jones a'r Prifardd Dic Jones yn llongyfarch enillydd y goron yn Eisteddfod Pontrhydfendigaid, Mr W. M. Rogers.

'Coron y Bont i hen law ar gymeriadau', meddai'r *Cymro* am lwyddiant Moc yn Eisteddfod Pantyfedwen, Pontrhydfendigaid, 1976.

Y Cymro

Priodwyd Moc ac Eleri Miles Richards yng Nghapel y Watford ar Fynydd Caerffili ar 30 Gorffennaf 1964.

Owain ac Angharad Rogers

Hywel Teifi Edwards oedd y gwas priodas ffraeth a drygionus.

Owain ac Angharad Rogers

Y teulu bach yn Rhos-y-grug, Caerdydd: Moc, Owain, Eleri ac Angharad. Meddai John Albert Evans am Moc: 'Fe ddaeth Moc â thalp o Ffair Rhos i Gaerdydd ac ni newidiodd fawr ddim dros y blynyddoedd.'

Owain ac Angharad Rogers

Y Defodau

y telir sylw iddynt yn.

ARWISGIAD EI UCHELDER BRENHINOL
TYWYSOG CYMRU, K.G.
yn DYWYSOG CYMRU ac
IARLL CAER *gan*
EI MAWRHYDI Y FRENHINES
yng nghwmni
EI UCHELDER BRENHINOL
DUG CAEREDIN, K.G.,K.T.
yng NGHASTELL CAERNARFON

Ddydd Mawrth, 1 Gorffennaf, 1969

am 3 p.m.

'Y Defodau' a gyfieithwyd i'r Gymraeg gan Moc ar gyfer seremoni arwisgo Charles Windsor ym 1969.

Papurau Llenyddol a Phersonol William Morgan Rogers, Archifdy Ceredigion

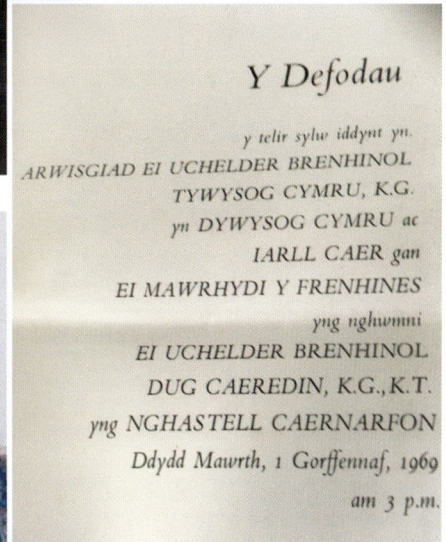

Os na fyddai Moc yn darllen, byddai'n cyfieithu neu'n cyfansoddi yn y gegin gefn.

Owain ac Angharad Rogers

Owain, Mam-gu Llwyn-llwyd, Angharad, Moc yn gwisgo coron Eisteddfod Pantyfedwen, 1976, ac Anti Magi.
Owain ac Angharad Rogers

'Cod ar dy draed y pwdryn diawl', meddai Hywel Teifi bob tro pan welai Moc yn gorwedd ar ei hyd ar soffa.
Owain ac Angharad Rogers

Moc a Hywel yn cyd-ddoethinebu ar faes yr eisteddfod genedlaethol.
Owain ac Angharad Rogers

Clawr cyfrol olaf Moc, *Dilyn Afon Teifi*, a gyhoeddwyd wedi ei farwolaeth.
Owain ac Angharad Rogers

Hoe fach i'r ddau bererin. Sylwer bod Moc wedi gwisgo'n daclus a bod Hywel yn gwisgo *daps* gwyn!
Owain ac Angharad Rogers

Moc y gwladgarwr pybyr yn torsythu ger carreg goffa Llywelyn ap Gruffydd yng Nghilmeri.
Owain ac Angharad Rogers

Megis dechrau yr oedd Moc. Ymddiddorai'n fawr yng ngwyddoniaeth, hanes y bydysawd, bywyd gwyllt a'r tir. Cyhoeddodd *Gwyddonwyr Enwog* (1961), hanes deg o wyddonwyr byd-enwog wedi ei gyflwyno, yn ôl Jac L. Williams, 'mewn Cymraeg cyhyrog sydd â'i wreiddiau'n ddwfn yng nghanolbarth Ceredigion'. Ymhen blwyddyn roedd wedi cyhoeddi cyfres o ysgrifau yn *Cymru* ar bynciau megis syniadau dyn am y lleuad a gallu rhyfeddol Houdini i herio ffawd trwy agor y clymau, y rhwymau a'r cadwynau a'i caethiwai. Enillodd y Fedal Ryddiaith yn Ngŵyl Fawr Aberteifi ym 1968, a phan enillodd £25 am 'Chwe Ysgrif Bortread' yn yr Eisteddfod Genedlaethol ym 1972 plesiwyd y beirniad, yr Athro J. E. Caerwyn Williams, yn fawr iawn gan ei ddawn lenyddol a'i allu i arddangos 'dychymyg y llenor creadigol wrth amgyffred ei gymeriadau'. Yn ystod ei oriau hamdden hyd at ddiwedd ei oes bu Moc wrthi'n ddistaw bach yn cyfansoddi ysgrifau, straeon byrion, traethodau, adolygiadau ac arlunwaith. Roedd ei lawysgrifen yn wledd i'r llygad ac yn dra gwahanol i sgribl traed brain Hywel Teifi Edwards. Cadwai gopi o bob un o'i gyfansoddiadau ac mae'n bleser darllen y fath gasgliad o ddanteithion blasus a thaclus. Daliai ei guru John Roderick Rees i'w ganmol i'r cymylau am ei lwyddiannau eisteddfodol: 'Nid seboni yw dweud fod graen llenyddol da ar bopeth a ysgrifennwch; 'does dim dau nad ydych yn ddewin geiriau pur fedrus.'

O safbwynt cyhoeddusrwydd, bu Moc yn gennad hynod o effeithiol dros Geredigion. Wrth ddarlithio gerbron cymdeithasau llenyddol yn sir Forgannwg, canai glodydd ei fam sir bob gafael. 'Cardi ydwyf fi', meddai ar ddechrau pob darlith neu sgwrs, 'Cardi mewn alltudiaeth ar lan afonydd Babilon.' Fel pob brogarwr twymgalon, byddai bob amser yn llunio portread cynnes iawn o wlad y Cardi:

'Pridd a chlai y sir hon sydd yn fy ngwead ac ymfalchïaf yn ei phobl a'i phethe.' Parablai'n ddifyr am ddygnwch, cymwynasgarwch a chynhesrwydd teuluoedd Ffair-rhos, gan ddefnyddio cyfoeth o ymadroddion a phriod-ddulliau cyhyrog cefn gwlad wrth ddisgrifio eu doniau. Byrlymai wrth adrodd hanesion am droeon trwstan ei gyd-werinwyr a hawdd deall pam fod ei ffrindiau agosaf yn ne Cymru yn tyngu na fu iddo ymadael â Ffair-rhos erioed.

Yn amlach na pheidio, yn ei ddarlithiau a'i ysgrifau, hoffder pennaf Moc oedd trafod nodweddion rhai o gymeriadau ei fro. Ni fu erioed brinder creaduriaid lliwgar a rhyfedd yn Ffair-rhos a byddai Moc wrth ei fodd yn gwrando'n astud arnynt. Pwy, tybed, oedd y wág a ganodd y rhigwm doniol hwn o ardal Ffair-rhos a ddiogelwyd yn *Ar Dafod Gwerin* (2004) casgliad godidog Tegwyn Jones o gerddi a rhigymau doeth a dwl a luniwyd gan werinwyr ledled Cymru:

Twm y twm y ryman
Werthodd ei fam am bwtyn o gryman.
Prynodd hi'n ôl am bedol a ho'l,
Gwerthodd hi wedyn am geillie gwybedyn.

Gadawodd wyth cymeriad arbennig iawn o'r fro eu hôl yn drwm ar Moc. Er ei fod i ryw raddau, gallwn feddwl, yn galw ar ei ddychymyg wrth eu portreadu, does 'na ddim lle i gredu nad yw'r rhain yn werinwyr go iawn. Dwy hen wraig i ddechrau. Un o ffefrynnau Moc oedd Mari Fach y Garn, meistres ar balu celwyddau gwyn golau ar hyd y fro. Honnai Mari na welwyd erioed trwy'r byd weithreg debyg iddi hi. Byddai'n trampio ar hyd lonydd a banciau Ffair-rhos, gan ddweud wrth bawb a oedd yn esgus gwrando: 'rown ni'n gwneud gwaith dwy a bugeilio'r comin'r un pryd'. Gwerthai furum am ddimai'r botel a cherddai'n rheolaidd i Ffynnon y Glog am fod y dŵr yno yn rhewi anwydau ac yn 'boddi'r falen'. I blant, roedd hi'n ymdebygu i wrach reibus, ond tybiai eraill a'i hadwaenai yn well ei bod yn hirben ac yn ddiniwed yr un pryd. Gwraig arall eithriadol o gleberddus oedd Marged Stryd Groes. Ni fu erioed ar gyfyl unrhyw ysgol nac addoldy ar hyd ei hoes, ond fe wyddai fwy na neb yn yr ardal am fyd natur, arwyddion y tywydd, hen eiriau ac idiomau coll. 'Dawnsiai'r Gymraeg ar ei thafod', meddai Moc, a gresynai'r hen wraig yn aml am na wyddai plant ddim oll am flodau gwyllt, wyau adar, morgrug a gwybed, nac ychwaith unrhyw ragargoelion yn ymwneud â'r tywydd. Holai berfedd pawb ac, er ei bod yn gaeth i'w milltir sgwâr, câi flas mawr ar roi'r byd crwn yn ei le.

Ymhlith y dynion brith, un a wnaeth argraff fawr ar Moc oedd tyddynnwr ffraeth o'r enw Wil Mowr. Tipyn o gob oedd hwn. Roedd yn fwndel o ragfarnau ac, fel mae ei lysenw'n awgrymu, hoffai ddweud pethau 'mowr'. Galwai bob menyw, yn hen neu'n ifanc, yn 'hen boles' a gwyddai'n iawn sut i'w pryfocio. Disgrifiodd un ferch fel 'rhyw Flodeuwedd a grewyd gan law anghelfydd o lysiau pengelyd a chrafanc y frân'. Ni châi dynion a oedd, yn ei dyb ef, yn rhy fawr i'w hesgidiau lonydd ganddo chwaith, yn enwedig os oeddynt yn enillwyr eisteddfodol. 'Beirdd a brwyn yw prif gynnyrch y fro hon', meddai rhywun wrtho. 'Fe wn i pu'n sydd fwyaf defnyddiol' atebodd Wil mewn fflach.

Broliwr diedifar oedd Defi John, un o weithwyr y Cyngor a draethai hyd syrffed am sut y lladdodd 'ddigon o Germans yn y Rhyfel Mawr i ennill medal' a sut y cadwai gloddiau'r sir mor lân a thaclus â lawntiau'r teulu brenhinol. Bachan doniol arall a oedd yn grefftwr geiriau honedig oedd Ianto Ffrwt, cymeriad brith na chafodd flas

erioed ar 'academig dôst' mewn ysgol na choleg. Meddai
Moc:

> Yr wyf yn berffaith siŵr na chlywodd Ianto Ffrwt yr un
> gair am Syr T. H. Parry-Williams na'r Doethur am ein Ianto
> ninnau, ond roedd asesiad y ddau o'r diwedd yn syndod
> o debyg. 'Llithro i'r llonyddwch mawr yn ôl', meddai Syr
> Thomas. 'Sleidio ar dy ben i lefel ddiddiwedd', meddai'r
> Ffrwt wrth rwbio styllod yr ystlysau yng ngweithdy Dafydd.

'Dyn at iws gwlad' oedd y cariwr Defi Ifan. Clywid yn
aml ar lafar gwlad straeon priddaidd am ei fedr gyda'i
ddyrnau a'i hoffder o ferched lysti. Wedi iddo ymddeol
cafodd gynnig i lanhau'r tai bach mewn tref glan-y-môr
yng Ngheredigion. 'Glanhaed y cachwrs eu budreddi
eu hunan' oedd ei ymateb swrth, a dyna ddiwedd y
mater. Ceid rhai pobl ddŵad bostfawr yn oriel Moc
hefyd. Ymhlith y trampiaid anniben a bawlyd a fyddai'n
llusgo cerdded drwy'r fro oedd George neu Siors King,
crwydryn o'r sowth a honnai ei fod yn perthyn o bell i'r
teulu brenhinol ac mai 'ffrwyth gorfoledd slei cegin gefen'
oedd achos yr anrhydedd amheus hwnnw. Un chwithig
oedd Defi'r Tractor a doedd fawr ddim trefn arno fel
aradrwr, garddwr na chynaeafwr. Pwdryn ydoedd a beiai
fedyddfaen agored y Bedyddwyr am gyflwr truenus ei
ardd: 'Pechodau'r Batis', meddai, 'yn treiddio i'r "subsoil"
gyda dŵr yr olchfa ac yn gwenwyno pob gwreiddyn ac
eithrio'r chwyn, yr onnen wen a'r llau ffeirad.'

Ni allai hyd yn oed golofn yn *Y Bywgraffiadur Cymreig*,
dyweder, wneud cyfiawnder â cherddwr ffyrdd cleberddus
o'r enw Dafydd Jones o Fwlch-y-llan. Cariai bob math o
ryfeddodau yn ei gert ac roedd yn enwog ledled y sir am
barablu, doethinebu, proffwydo, herio a phalu celwyddau.
Yn ôl Moc, roedd ei sgwrs yn frith o 'annoethau llamsachus',

yn enwedig pan oedd parchedigion sydêt o fewn clyw. Clywir yn y darn isod lais un o rôgs mwyaf hoffus y sir:

Peidiwch rhoi gormod o goel ar beth ma nhw'n ddweud wrthoch gartre. For example, fel sampl, fe wedodd pobol Bwlchyllan wrtha'i flynydde'n ôl am wylio pobl Tregaron, fod bois y Brennig yn hen ddiawled bach peryglus. Fe wrandewes i yn ddigon naturiol ar fy nghethern fy hun a chadw llygad barcud blwydd ar wŷr Tregaron. Toc fe weles i mai fel arall roedd hi – ym Mwlchyllan roedd y diawled penna, ac yn Nhregaron y cefes i'r parch a'r 'assistance' penna i gadw 'mhen uwchlaw'r lli.

Fel y gwyddai Moc y gwladgarwr yn dda, degawd tyngedfennol yn hanes yr iaith Gymraeg fu'r 1960au. Gyda geiriau cras Saunders Lewis – 'Eler ati o ddifri' – yn dirgrynnu yn y naill glust a chaneuon protest Dafydd Iwan yn seinio'n beraidd yn y llall, dyma gannoedd o aelodau ifanc Cymdeithas yr Iaith Gymraeg yn cynnal ymgyrchoedd swnllyd ond di-drais o blaid dyrchafu bri eu mamiaith ym mywyd cyhoeddus Cymru. Law yn llaw â hyn roedd doethion ymhlith y to hŷn yn ceisio cryfhau statws cyfreithiol y Gymraeg. A phan sefydlwyd y Swyddfa Gymreig gan y llywodraeth Lafur ym mis Hydref 1965, ei Hysgrifennydd Gwladol cyntaf oedd Jim Griffiths, AS Llanelli a Chymro Cymraeg rhugl. Gwyddai Moc fod ganddo gryn gydymdeimlad â'r galw croch am gydnabyddiaeth lawnach i'r Gymraeg, ond dan adain ei olynydd, Cledwyn Hughes, y penodwyd Moc ym 1968 i swydd cyfieithydd proffesiynol cyntaf y weinyddiaeth sifil yn y Swyddfa Gymreig. Erbyn heddiw, ceir byddinoedd o gyfieithwyr llawn amser yng Nghymru, ond pelican yn yr anialwch oedd Moc ar y pryd, yn arloesi yn ei swyddfa dywyll a siabi yn rhif 42-3 ym Mhlas-y-Parc yng nghanol

Caerdydd. Roedd ennill swydd mor bwysig yn bluen fawr yn het y gwerinwr swil o Ffair-rhos. Erbyn hyn roedd Moc wedi priodi Eleri Miles Richards, athrawes frwdfrydig o Gaerffili, a chyn pen dim byddai ganddynt ddau blentyn, Owain ac Angharad, i lonni eu bywyd. Dylid nodi mai ei was priodas oedd – pwy arall? – Hywel Teifi Edwards. Ac o ran ei yrfa roedd y rhagolygon yn olau gan fod y swydd yn talu'n dda ac yn cynnig pob math o bosibiliadau.

Dewis da oedd hwn ar ran y Swyddfa Gymreig. Roedd gan Moc feistrolaeth lwyr ar y Gymraeg a stôr ddihysbydd o ymadroddion cefn gwlad i hwyluso a chyfoethogi ei waith fel cyfieithydd. At hynny, fel y canfu staff y Swyddfa Gymreig, roedd ganddo amynedd Job a llond trol o synnwyr digrifwch. Da y dywedodd Hywel Teifi fod ganddo fwy o le i werthfawrogi 'natur wâr' y Swyddfa Gymreig yn sgil penodiad ei gyfaill i swydd mor allweddol. Ond fe gipiodd y cyfle i dynnu coes Moc yn ddidrugaredd pan roddwyd iddo'r dasg anghyfforddus o gyfieithu'r holl ddogfennaeth a gohebiaeth swyddogol a fu ynghlwm wrth arwisgiad Charles Windsor ym 1969, yn enwedig y Breinlythyrau a Threfn y Seremoni. Sgil-effaith uniongyrchol Deddf yr Iaith Gymraeg (1967) oedd y galw hwn am gyfieithiad Cymraeg swyddogol a bu raid i Moc blygu i'r drefn. Gall y sawl sy'n fwy busneslyd na'i gilydd weld sut hwyl a gafodd ar ei waith trwy ddarllen ei bapurau personol yn Archifdy Ceredigion. Ni chaiff mo'i siomi, er mae'n rhaid bod Moc druan wedi gorfod gwasgu ei ddannedd yn dynn wrth gyfieithu'r fath rigmarôl brenhinol i'r heniaith.

Beth bynnag am hynny, daeth Moc yn gryn arbenigwr ar gyfieithu dogfennau sych fel hyn. Mynnai bob amser mai ei nod, pa waith bynnag a oedd ganddo i'w drosi, oedd bod yn gywir, yn syml ac yn ddealladwy. A rhaid oedd neilltuo amser bob dydd am sgwrs a chlonc. Cyfaddefodd y gwas sifil profiadol John Walter Jones y byddai'n gorfod neilltuo hanner awr ar ddiwedd pob cyfarfod swyddogol yn swyddfa Moc ar gyfer trafod y byd a'r betws gydag ef. Ac yn ddieithriad byddai gan Moc berl o stori newydd i'w hadrodd. Ymhlith ei hoff straeon oedd hanes dau drempyn a lwyddodd i lwybreiddio pecyn o sigarennau o'i boced ar y stryd tu allan i'w swyddfa cyn gollwng cawod o gollfarn ar yr 'uffernols, y twyllwyr a'r sinachiaid' a drigai yn y Swyddfa Gymreig!

Ymhen amser penodwyd dau gyfieithydd arall i ysgwyddo'r baich – Mary Jones ym 1971 a Berwyn Prys Jones yn dynn wrth ei sodlau. Bu hynny'n ollyngdod mawr i Moc, ac yntau wedi gorfod gweithio ar ei ben ei hun cyhyd, heb sôn am ddal pen rheswm â 'chreaduriaid mor amheus â gweision sifil eraill, aelodau seneddol, gweinidogion y llywodraeth, hynny yw, creaduriaid y sefydliad'. Sylweddolodd y ddau newydd-ddyfodiad ifanc yn fuan fod gan eu pennaeth ei ffordd ei hun o wneud pethau. Roedd ganddo air arbennig ar gyfer gwahanol eitemau yn y swyddfa: 'y badell' oedd yr 'in-tray' a 'calch' oedd *Tippex*. Brithai ei sgwrs ag ymadroddion cefn gwlad Cardïaidd megis 'gwrando fel mochyn yn tatws', 'oer fel abro' ac 'mae'r gŵr llwyd ar 'y nghefen i'. Hoffai sôn, gyda winc, am ŵr anhysbys a ddywedodd wrtho rhyw dro, 'I don't know much Welsh, but I know enough to be dangerous!' A phwy ond Moc a fyddai wedi mentro rhoi brandi ar ddymi Owain, ei faban cyntaf, er mwyn ei gael i gysgu? Gallai hefyd fod yn beryg bywyd yn y swyddfa: ar un achlysur cofiadwy carthodd ei bibell ar ben tomen o bapur sych yn y bin sbwriel, gan beri i fflamau godi'n uchel, er mawr ddychryn i bawb.

Un diwrnod rhoddwyd y dasg o gyfieithu sloganau i Mary a Berwyn. Pan ddaethant at yr ymadrodd 'Make someone happy with a phone call', bu'r ddau yn crafu eu pennau nes i Moc godi ei ben a chynnig 'Codwch y ffôn i godi calon'. 'I'r dim' oedd yr ymateb yn syth. Fel y dengys Berwyn yn 'Siwt ar Liwt', ei atgofion anghyhoeddedig, byddai'r tri yn gweithio fel tîm, gan gyd-ymgynghori a chyfnewid barn a oedd fel arfer yn 'gymysgedd o'r doeth, y digri a'r dwl'. Ac yno y bu Moc yn bennaeth rhadlon, gyda'i bensel, ei rwber a'i bibell tan ei ymddeoliad.

Daliai Moc i gredu mai ei Dir na n'Og personol ef oedd Ffair-rhos, ond bob tro y dychwelai i Lwyn-llwyd i droedio'r hen lwybrau byddai'r mewnlifiad Saesneg yn fwrn arno: 'Saeson sydd yn y Cruglas, Saeson sydd yng Nghilfachyrhew, Saeson sydd ym Mhenllidiard a Saeson sydd ymhobman ... yn nyffryn yr esgyrn sychion ar ôl i'r hen ffynhonnau sychu.' Roedd rhyw rin arbennig yn dal i berthyn i Lwyn-llwyd, a dengys ysgrif hyfryd – 'Cewco ym môn y perthi' – a gyhoeddwyd gan Moc yn *Barn*, 325 (1990) ei adnabyddiaeth o arferion ac ymddygiad adar y fro:

> Cynffonnwr yw'r sigl-di-gwt a hwliganiaid cegog diawen yw'r adar to. Un prynhawn, dyna gyflafan fwy anwar na'r cyffredin yn y coed wrth gefn y tŷ. Y nhw, yr adar to oedd yno. Roedden nhw'n lloerig ac yn pelto sloganau a'u melltithion at un hen sycamorwydden dywyll. 'Streic yn Longbridge, gweithgor y penboethiaid', meddwn i a mynd i lawr i weld beth oedd yn eu blino. Yn eu canol nhw, yn uwch ei gloch na'r un, yr oedd aderyn du wedi colli'i limpyn yn lân ac yn esgus bod yn acrobat. Achos yr holl gymheiri oedd gwdihŵ sgubor yn hepian yn y cysgod a'r adar to wedi dod o hyd iddi. Ymgyrch gymunedol i'w symud hi oedd ar droed, ac mewn argyfwng fel hwn, all aderyn y to, binc ac aderyn du wneud fawr ddim ond esgus bod o'u co. Roedd y gwdihŵ wedi hen gynefino debyg iawn â rhyw fân benboethiaid fel y rhain.

Daliai Moc i hiraethu am yr hen ddyddiau er ei fod wedi

hen gyfarwyddo â phrysurdeb dienaid dinas fel Caerdydd. Gan na thrafferthodd erioed i ddysgu sut i yrru car heb sôn am dractor, byddai naill ai'n dal bws neu, fel arfer, yn cerdded i bobman. Credai ei deulu ei fod yn dal i fyw ei fywyd yn ôl cloc Ffair-rhos. Sylwai ei gymdogion ei fod yn piffian chwerthin yn dawel wrth gerdded – 'chuckling to himself' – ac oni bai fod rhan uchaf ei gorff yn ysgwyd rhywfaint ni fyddai neb yn gwybod bod rhywbeth yn ei oglais.

'Lleufer dyn yw llyfr da', meddai ei gyd-Gardi athrylithgar Ieuan Fardd slawer dydd, a threuliai Moc oriau maith yn darllen ac yn cyfansoddi. Bob yn hyn a hyn deuai'r corwynt o Langennech, sef ei gyfaill Hywel Teifi Edwards, i darfu ar ei heddwch, gan ymorol am lety am wythnos neu ddwy fel y gallai ymchwilio yn Llyfrgell Dinas Caerdydd yn yr Hayes. 'Wnaiff un frân arall ddim gwahaniaeth,' meddai Moc, a gofalai ei wraig Eleri fod gwely clyd yn disgwyl 'yr Anghenfil yn yr Atig'. Os byddai Moc yn gorwedd ar ei hyd ar y soffa pan gyrhaeddai'r ymwelydd, byddai Hywel yn bloeddio 'Cod ar dy draed, y pwdryn diawl.' Yn fwstwr i gyd, byddai'n rhannu anrhegion ymhlith y plant, gan gynnwys lolipops neu losin mawr lliwgar, cyn dechrau seiat gyda'i gyfaill a fyddai'n parhau tan oriau mân y bore. Petai Hywel yn blino ac am ddringo i'r atig, byddai Moc yn dweud, 'Diawl, beth yw dy hast di, gwed.' Doedd dim ildio modfedd i fod mewn dadl. Mynnai Hywel mai gwynt y môr ar lannau ei gynefin hoff Aber-arth oedd feinaf. 'Nage wir', atebai Moc, 'gwynt main gweundir Ffair-rhos.' I Hywel, Rocky Marciano oedd y bocsiwr gorau a fu erioed, ond, yn ôl Moc, pwys am bwys ni fu neb tebyg i'r Cymro bach Jimmy Wilde, 'y bocsiwr bach â'r galon fawr' a fu'n bencampwr pwysau pry'r byd rhwng 1916 a 1923.

Yn ôl Rona, gwraig Hywel, roedd Moc yn llawer gwell gwrandawr na'i gŵr. Byddai'n llenwi ei bibell yn hamddenol a'i thanio nes bod mwg yn cordeddu'n drwchus uwch ei ben. A dim ond ar ôl pwyso a mesur ei eiriau'n ofalus y byddai'n mynegi ei farn yn bwyllog. A thrwy wneud hynny, byddai'n llwyddo i dynnu'r gwynt o hwyliau ei gyd-Gardi tymhestlog. Nid yw'n ormod dweud, serch hynny, fod Moc yn addoli Hywel. Pan wahoddwyd ef ym 1980 i dalu teyrnged i Hywel ar y rhaglen deledu 'Hwn yw eich Bywyd', sylwodd Charles Huws, adolygydd tu hwnt o ddigrif *Y Faner*, fod llygaid Moc yn pefrio gan edmygedd. Fe ddisgrifiodd Moc fel 'yr hwn a wisgai ei gortyn-gwddf yn y modd mwyaf sgi-wiff posib fel petai'n benderfynol o fynegi'r neges 'Ylwch Tei-fi!"

Mewn teyrnged gynnes i Moc yn *Y Cymro*, dywedodd Gwyn Griffiths, un arall o sêr Tregaron: 'Roedd gan Moc wyneb bocsiwr, ond rwy'n amau a roddodd gernod i neb erioed.' Ond pam yn y byd fod gŵr mor dawel, na fyddai'n meiddio lladd yr un gwybedyn, yn mwynhau gwylio dau ddyn (neu ddwy ferch erbyn hyn hefyd) yn ffustio'i gilydd yn y sgwâr bocsio? 'Dyn yw'r unig greadur â dyrne,' meddai, ac mae'n bwysig cofio iddo gael ei fagu mewn ardal a chanddi draddodiad hir o weithgarwch treisgar, yn enwedig ymhlith gweithwyr plwm a sipsiwn. Does ond rhaid darllen llythyrau Morrisiaid Môn i weld bod Esgair-mwyn yn Ffair-rhos yn ganolbwynt i ymddygiad treisgar i'w ryfeddu yn ystod blynyddoedd canol y ddeunawfed ganrif. Roedd ffeiriau Ffair-rhos yn ddiarhebol o wyllt ac ni châi diwygwyr crefyddol fawr o groeso yno. Pan fu John Wesley mor annoeth â marchogaeth ei gaseg drwy Ffair-rhos ym 1764 cafodd ei gam-drin gan haid o fwynwyr meddw a stwrllyd. Pan fyddai sipsiwn yn mynychu'r ffeiriau lleol byddent yn 'cledro'n ddienaid' gyda'u ffyn yn ogystal â'u dyrnau. Rhoddid bri mawr ar nerth braich ymhlith gwerinwyr, a chredai'r Samsoniaid cryfaf nad ffair oedd ffair heb ffeit.

Roedd Moc yn gyfarwydd iawn â'r traddodiad hwn o glatshio answyddogol ac efallai mai dyna pam na fyddai byth yn defnyddio'r gair Cymraeg 'paffio': 'Ma' paffio'n swnio'n rhy debyg i ddau obennydd yn taro yn erbyn 'i gilydd.' Roedd yn well ganddo ddefnyddio'r hen air 'padl' neu 'padlo', llygriad o'r gair Saesneg 'battle' y gellir olrhain ei ddefnydd i lythyrau William Morris o Fôn yn y 1750au. I Moc, camp nobl oedd bocsio, crefft i'w hedmygu gan fod disgwyl i ddau wrthwynebydd yn y sgwâr brofi fod ganddynt dalent, ymroddiad, dyrnau grymus, calon fawr a gên solet. Edmygai Hywel Teifi focswyr pwysau trwm, ond, fel y gwelsom eisoes, y dawnswyr ysgafndroed crefftus oedd arwyr Moc, a neb yn fwy na Jimmy Wilde, 'The Mighty Atom' 7 stôn 10 pwys o'r Rhondda a ymladdodd, credwch neu beidio, oddeutu 864 o ornestau yn ystod ei yrfa ddisglair.

Y gyfrinach arall i obsesiwn Moc â bocsio oedd y weiarles:

Teledu neu beidio, dyn wireless a'r pwyslais ar y 'less' ydw i o hyd a phan fydd golau'r arena'n diffodd, y gwaed yn cyflymu a'r sgwâr yn goelcerth, fe gaiff y dychymyg dragwyddol hewl i dynnu lluniau rhyfeddol na ddônt byth bythoedd o fewn cyrraedd lamp a chamera'r dynion teledu.

Peth pwysig iawn yn hanes gwerin-bobl Ceredigion yn y cyfnod o'r 1930au ymlaen oedd y cyfle i wrando ar yr aelwyd ddarllediadau byw o ornestau bocsio yn Llundain neu Gaerdydd, yn enwedig pan fyddai arwr o Gymro yn dringo i'r sgwâr. 'Mae gêmau a phadlau yn gwella a thyfu wrth fynd o dafod i dafod', meddai Moc.

Profwyd gorfoledd a siomedigaeth lawer gwaith yn ystod y seiadau hyn a sonnid am lewion fel Tommy Farr, Dai Dower a Howard Winstone fel petaent yn aelodau o'r teulu. Dibynnai boddhad y gwrandawr ar allu ac arddull y sylwebydd. Tueddai'r galon i suddo pan fyddai'r cadi ffan Raymond Glendenning wrth y llyw ac wfftiai pawb at sylwadau cawdelog W. Barrington Dalby ar ddiwedd pob rownd. Y ffefryn pennaf, yn ddi-os, oedd y Gwyddel Eamonn Andrews, cyn-focsiwr a oedd yn ddarlledwr digon ystwyth a gwybodus i fynd yn ei flaen i gadeirio rhaglenni teledu poblogaidd fel 'What's my Line?' a 'This is Your Life'. Roedd gan Moc bob ffydd ynddo gan fod ganddo lais cyfareddol a phrofiad helaeth.

Trwy wrando ar ornestau a'u gwylio, daeth Moc i werthfawrogi bocswyr pwysau trwm hefyd, er mawr gysur i Hywel Teifi, pleidiwr y clatshwyr didrugaredd. Ond nid clatshiwr oedd arwr Moc chwaith. I'r gwrthwyneb, artist o focsiwr pwysau trwm oedd Joe Erskine o Tiger Bay, Caerdydd, un a chanddo arddull glasurol a oedd yn rhoi boddhad mawr i Moc:

> Ar ei orau, gwnâi [Jolting Joe] i'w wrthwynebwyr edrych yn arbennig o ddi-glem ac anniben. Symudai'n rhwydd, mesur pellter yn gywir, cilio o flaen neu gydag ergyd a chadw ei ddwrn chwith yn rhyfeddol o gyson yn wyneb ei wrthwynebydd.

Dysgodd Erskine wers i focswyr enwocach nag ef, fel Henry Cooper a Joe Bygraves, trwy ergydio, cyrcydu a dawnsio yn y sgwâr. Lluniodd Moc deyrnged gynnes iawn i Erskine yn *Barn* pan fu farw, yn 56 mlwydd oed, ym 1990. Erbyn hynny roedd ef ei hun wedi hen ennill enw da fel sylwebydd a beirniad bocsio ar raglenni fel 'Y Maes Chwarae', gan gymryd ei le ymhlith arloeswyr byd y campau yn Gymraeg, yn eu plith Eic Davies, John

Roberts Williams, Gwynedd Pierce a Howard Lloyd. Pan wrandawodd Hywel Teifi ar sylwebaeth radio ar ornest rhwng y Cymro Joe Calzaghe a'r Americanwr Roy Jones yn 2008, gallai glywed llais y diweddar Moc yn dweud: 'Pwylla Joe bach, pwylla; crefft gynta', ffusto wedyn.' Adeg ei farwolaeth ym 1999 talodd golygydd y *Boxing News* deyrnged gynnes i Moc fel 'this quiet, shy man with the soft beguiling voice'. Byddai Moc ei hun, mae'n siŵr, wedi piffian chwerthin petai wedi gweld y coffâd diffuant hwn.

Gwaetha'r modd, dydi pawb ddim wedi sylweddoli pa mor doreithiog y bu Moc fel llenor. Gwasgai Hywel Teifi arno'n aml i gyhoeddi gweithiau ysgolheigaidd, ond prin y gallai Moc fod wedi bwrw ati i ymchwilio ac yntau'n gaeth i swydd gyfrifol amser llawn. Ond defnyddiai ei oriau hamdden i ysgrifennu tomennydd o ysgrifau difyr a digri, llyfrau diddan i blant a phobl ifanc, ac adolygiadau rif y gwlith. Chwilier tudalennau *Y Cymro, Barn, Yr Athro, Hamdden, Llais Llyfrau, Blodau'r Ffair* a'r *Faner* rhwng, dyweder, 1960 a diwedd y 1990au, ac fe welir Moc yn dweud ei ddweud yn hynod ddifyrrus. Adolygodd ddegau o lyfrau a rhaglenni radio a theledu yn *Y Cymro* yn ystod cyfnod pan oedd y newyddiadur hwnnw yn gwerthu miloedd o gopïau bob wythnos. Am ryw reswm – swildod efallai – byddai Moc hefyd yn ysgrifennu ynddo dan y ffugenw 'Crugos' ac 'Eco'. Daliai i gystadlu mewn eisteddfodau mawr a mân, i gyfansoddi dramâu ac i gyfieithu nofelau Saesneg poblogaidd i'r Gymraeg. At hynny, roedd yn arlunydd dawnus: pan luniai ysgrifau byrion i blant ar gyfer *Cymru*, cylchgrawn dan olygyddiaeth yr awdur a'r arlunydd Ifor Owen o Lanuwchllyn, anfonai ddarluniau mewn inc India i fywiogi'r testun, gan blesio'r golygydd yn ddirfawr.

Dyn amlddoniog oedd Moc Llwyn-llwyd, ac un jocôs i'w ryfeddu wrth gyfansoddi deunydd ar gyfer plant. Hoff gyfrol ei blant ef ei hun oedd *Helyntion Jac y Gofalwr* (1972), ugain o straeon dychmygol am Jac, gofalwr Ysgol Pen-y-wal, ysgol helbulus a chanddi fwy na'i siâr o athrawon anobeithiol fel Twm Amoeba, Dai Piano a Jones Cem (yr athro Cemeg). Cymeriad brith a thynnwr coes greddfol oedd Jac, meistr ar bob tric ac ystryw ac, yn ôl y prifathro, yn llawn 'native cunning'. Cyfaddefai Jac ei hun ei fod yn bencampwr ar ddweud celwyddau golau, celwyddau diangen a chelwyddau eraill er mwyn achub ei groen ei hun yn ystod gwir argyfwng.

Ysgol ryfeddol oedd hi, yn ôl Jac, gyda phawb yn ymddwyn fel 'sataniaid, bleiddiaid, byddariaid, duwiau a delwau'. Roedd yn esgus bod yn ysgol gyfun ddwyieithog, ond gwrthryfela yn erbyn y Gymraeg a'r drefn yn gyffredinol a wnâi'r plant drwg na allent ddeall 'Cymraeg byw, Cymraeg Siôp Chips, Cymraeg Ysgol Sul, Cymraeg Pen-y-wal, Cymraeg y North a Chymraeg y prifathro dwyieithog'. Iaith yr wialen fedw a'r plimsol a deyrnasai yno, ac ambell fonclust nerthol hefyd.

Ar ddiwrnod mabolgampau'r ysgol, Jac oedd yn gyfrifol am baratoi'r cae. Y ras ganllath i fechgyn hŷn oedd y gyntaf ar y rhaglen a'r tri amserwr oedd y prifathro, Jones Cem a'r Acrobat, yr athro Ymarfer Corff. Bu'n ras eithriadol o gyflym ac ar ei diwedd roedd y tri amserwr yn gytûn fod yr enillydd wedi torri'r record byd trwy gwblhau'r ras mewn naw eiliad a hanner! 'Gwych ryfeddol', meddai'r Prifathro hygoelus, cyn rhedeg o'r cae er mwyn ffonio pawb o bwys ym myd y cyfryngau. Ond bu'r Acrobat yn fwy carcus. Aeth ati i ail-fesur y trac a chael mai dim ond 88 llathen a dwy droedfedd oedd ei hyd! Syrthiodd Jac ar ei fai: 'Tynnu'ch coesau

chi', meddai, gan wenu'n braf. Ac fe aeth pethau o ddrwg
i waeth wedi hynny:

> Fe aeth y doctor bola mawr adre a chymryd dôs marwol
> yn ei surgery ei hun; fe aeth Jones Cem i yfed 'meths' yn y
> lab; wedi iddo fe ddod nôl a chael yr hanes fe lewygodd Y
> Prifathro ar ganol y cae yng ngolwg pawb.

Trwy gyfuno doethineb a hiwmor, daeth Moc yn ffefryn
mawr ymhlith ei ddarllenwyr ifanc. Wedi'r cyfan, mae
plant bob amser yn ymateb yn wych i ddwli creadigol
a ffraeth. O dro i dro hefyd byddai Moc yn rhoi rhaff
i'w ddychymyg wrth geisio diddanu darllenwyr hŷn. Yn
Camp ar Gamp (1969) ceir deuddeg pennod yn dathlu'n
afaelgar orchestion cewri'r byd bocsio, pêl-droed, rygbi,
criced ac athletau. Yn y darn ar griced, ceisiodd rag-weld
beth fyddai'r ymateb petai cricedwyr Morgannwg, a oedd
yn chwarae ar faes chwedlonol Sain Helen, Abertawe, ym
mis Awst 1964, yr un pryd â'r Eisteddfod Genedlaethol a
gynhaliwyd ar Barc Singleton, nid nepell o'r gêm griced,
wedi oedi yn ystod y seremonïau er mwyn dilyn hynt
cricedwyr Morgannwg yn eu hymgais lwyddiannus i guro
sêr Awstralia:

> Allwch chi ddychmygu swyddogion yr Eisteddfod yn
> gohirio'r Coroni i wylio rhyw gamp gricedol – rhywun ar fin
> sgorio ei ganfed efallai, neu stiward y rasus yn cadw ceffylau
> tri o'r gloch wrth y post er mwyn iddo wrando ar seremoni'r
> Cadeirio?

Wedi iddo ymddeol yn gynnar ym 1987, ar ôl treulio
ugain mlynedd yn cyfieithu dogfennau hirfaith a oedd gan
mwyaf mor sych â mynydd Gilboa, ni chafodd Moc fwy
na deuddeg mlynedd i hamddena. Ond nid un i orffwys

ar ei rwyfau ydoedd. Rhaid oedd dangos cefnogaeth i'r Eisteddfod Genedlaethol trwy gystadlu pan ddaeth yr Ŵyl i Aberystwyth ym 1992. Cipiodd y wobr gyntaf am gasgliad difyr iawn o straeon/anecdotau am Gymry enwog, casgliad sy'n dal i haeddu gweld golau dydd heddiw. Fel pe na bai hyn yn ddigon, dechreuodd ddilyn cwrs gwyddoniaeth y Brifysgol Agored, gan astudio mor ddiwyd ag y gwnaeth pan oedd yn lasfyfyriwr yn Aberystwyth. Bu farw'r dewin geiriau a'r parablwr diddan hwn o ganser ar yr afu ar 26 Gorffennaf 1999, a chladdwyd ei weddillion ym mynwent Ystrad-fflur. Gan fod ei gynnyrch llenyddol a'i hiwmor tawel mor ddwfn yn naear Ffair-rhos, roedd hynny'n gwbl briodol.

Deunaw mlynedd yn ddiweddarach trefnodd ei deulu fod y gwaith a wobrwywyd â'r fedal ryddiaith yng Ngŵyl Fawr Aberteifi ym 1968 yn cael ei gyhoeddi'n breifat dan y teitl *Dilyn Afon Teifi: O'r Llygad i'r Aber* (2017). Ceir ynddo fwy na digon o brawf fod y ganmoliaeth hael a gawsai Moc gan y beirniaid yn haeddiannol iawn. Dewisais ddau ddyfyniad, o blith llaweroedd, i atgoffa'r darllenydd fod gallu Moc y llenor wedi ei seilio ar iaith, geirfa ac arferion bro ei febyd. Dyma fe'n disgrifio ffordd y porthmyn a arweiniai o Ffair-rhos i drefi fel Henffordd neu Lwydlo ar y gororau:

> Ar hyd yr hewl hon y tingorcai'r certi mawr yn ôl ac ymlaen i'r Gors Goch (ond Cors Glanteifi rhwng y Bont a Thregaron biau'r fawnen orau). Yma hefyd y deuai gwŷr y wlad a'u certi a'u ceffylau blaen i gyrchu'r brwyn hiraf i doi helmi (helmydd) a'r teisi, ac weithiau deuent â rhofied neu ddwy o galch i Nant Claerddu a thynnu llondred o frithyllod cibddall i'w cwato yn y llwyth brwyn.

Fel y gwelsom eisoes, nid hiwmor 'Ha ha! a 'Ho ho!'

oedd hiwmor Moc; yn hytrach, roedd yn well ganddo gosi'r dychymyg ac ennyn chwerthiniad bach tawel. Mae'r ail ddyfyniad, sy'n sôn am yr enwocaf o blant Tregaron, yn enghraifft wiw o hyn:

Ynghanol y begera, y rhialtwch a'r porthmona, fe drôdd Henry Richard ei gefn llydan ar ddrws y Talbot a hewl y mynydd. Cododd ei law a chred y gwladwyr ei fod eisiau dod lawr o ben ei golofn. 'Welest ti nhw'n mynd â Henry Richard i'r tŷ bach erioed?', meddai taid wrth ei ŵyr ar gornel y sgiw. 'Dyn carreg', meddai un. 'Nage, dyn du yw Henry Richard', meddai'r llall, ond ar y Sgwâr Mawr y mae e o hyd fel pelican ar ei bedestal.

A defnyddio iaith y Cardis, 'bachan ffein' oedd Moc Rogers. 'Bydd ei wên picsi yn parhau yn ein cof am byth', meddai Muriel a Lari, aelodau o'i ddosbarth gwerthfawrogi llenyddiaeth. Doedd gan neb air drwg i'w ddweud amdano ac ni cheid dim malais na chenfigen yn ei waith llenyddol na'i hiwmor. Ymhlith teyrngedau lawer i'r Cardi dymunol hwn, hon gan John Walter Jones, gwas sifil yn y Swyddfa Gymreig ac un o'i gyfeillion pennaf, sy'n aros yn y cof:

Efallai i Moc ymadael â Ffair Rhos flynyddoedd yn ôl, ond adawodd Ffair Rhos erioed mo Moc. Yno y byddai ei sgwrs yn dechrau a gorffen; yno roedd ei angor. Waeth pa mor bwysig fy angen am gyfieithiad, os eisteddwn wrth ochr ei ddesg deuai stori fyddai'n sicr o gyffwrdd ei filltir sgwâr ar ryw bwynt. Dw i'n hynod o falch mod i wedi gwneud yr amser i eistedd wrth ei ddesg a sgwrsio am bopeth o ferfau i focsio, a rhoi'r byd – fel y gwelai Moc ef! – yn ei le. Rhoddodd wedd newydd ar berspectif a phwysigrwydd blaenoriaethau i mi sawl tro.

Rwy'n gyndyn i dewi nawr rhag ofn i ysbryd Moc

aflonyddu ar fy nghwsg a'm ceryddu'n fonheddig am dorri'r drafodaeth yn ei blas: 'Diawl, beth yw dy hast di, gwed?'

PENNOD 2

TEGWYN JONES

GWYN FYD Y sawl a enir mewn pentref a chanddo enw mor swynol â Phen-y-bont Rhydybeddau. Pa ryfedd fod Tegwyn Jones, ein hail Gardi llengar, yn cyfrif ei fendithion beunydd o fod wedi gweld golau dydd am y tro cyntaf yn y fath le delfrydol? Ym mhlwyf Trefeurig, rhyw saith milltir i'r gogledd-ddwyrain o Aberystwyth, y cewch hyd i Ben-y-bont Rhydybeddau, heb fod ymhell o bentrefi sy'n gysylltiedig nid yn unig ag unigeddau amaethyddol ond hefyd ferw mwyngloddiau Cwmsymlog a Chwmerfyn slawer dydd. Cymdeithas glòs a gweithgar oedd hon. Gwaith llafurus oedd mwyngloddio ac, fel y dengys cynifer o gerrig beddau ym mynwentydd yr ardal, bu farw llawer o weithwyr ifanc ar ôl colli eu hiechyd neu o ganlyniad i ddamweiniau angeuol. 'Nefol wlad Geredigion' meddai John Owen, nai Lewis Morris, â'i dafod yn ei foch. Ac yntau'n Fonwysyn, doedd dim disgwyl iddo wybod yn well! Ond Cardi balch yw Tegwyn Jones, Cardi sydd wedi dweud droeon mai 'braint aruchel' oedd cael ei eni a'i fagu yng ngogledd Ceredigion.

Ac eithrio blwyddyn pan geisiodd, fel athro dibrofiad, bwnio'r Gymraeg i bennau disgyblion anfoddog Ystrad

Mynach yn sir Forgannwg, mae wedi treulio'i oes yn byw yn ei fam sir. Mae'n enghraifft dda o'r hen ddywediad 'Canmol dy fro a thrig ynddi.' Cardi o'i gorun i'w sawdl ydyw ac un balch iawn o'i filltir sgwâr, fel y dengys y gerdd ogleisiol hon ganddo:

'A oes fater arall eto?'
Meddai Duw ar ôl creu nef a llawr,
Y moroedd a'r cyfan sydd ynddynt,
A phobol – rhai bach a rhai mawr.

Ysgydwodd 'r angylion eu pennau,
Ond meddai rhyw geriwb bach breit,
'Dechi-chi ddim wedi creu yr un Cardi,'
'Wel diawcs', meddai Duw, 'rwyt-ti'n reit'.

A hon ydyw'r enghraifft gynharaf
O'r gwirionedd hynaf sy'n bod –
O dan Unrhyw Fater Arall
Mae'r pethau pwysicaf yn dod.

Tegwyn yw'r unig un o'r tri Chardi llengar dan sylw yma sy'n dal ar dir y byw. Fe'i ganwyd ar 15 Mawrth 1936, sy'n golygu ei fod, wrth i mi deipio'r frawddeg hon ag un bys, yn 87 mlwydd oed. Olwen (1907-97) a Thomas Morgan Jones (1903-86) oedd ei rieni. A barnu yn ôl llun ohoni'n wraig ifanc, roedd Olwen yn dipyn o bishyn a hawdd ei dychmygu'n dawnsio'r Charleston bob nos cyn iddi ddechrau magu pedwar o blant. Gŵr golygus a diwylliedig iawn oedd Thomas Morgan Jones ac, ar ôl bod yn gweithio i'r Swyddfa Bost, ymunodd â staff y Comisiwn Coedwigaeth wedi'r Ail Ryfel Byd. Tipyn o her i'r rhiaint oedd bwydo a dilladu Eirlys, Mair, Tegwyn ac Elwyn yn ystod y degawdau llwm hyn, ond roedd digon o lyfrau yn y tŷ a phob anogaeth i'r plant ymddiwyllio. Ond ni fyddai'r rhieni, mae'n siŵr, wedi breuddwydio y byddai eu hannwyl fab, Thomas Tegwyn Jones, yn cyfansoddi'r limrig hwn ymhen rhai degawdau:

Mae modd cael pob math o limrige,
Rhai'n bur fel y gwlith yn y bore,
    Rhai eraill yn fyw
    O anlladrwydd a rhyw
A 'sdim dwywaith mai'r rheini yw'r gore.

Ac, yn waeth na hynny, yn cynnwys y rhigwm priddlyd hwn yn *Ar Dafod Gwerin* (2004), un o'i gasgliadau niferus o benillion a rhigymau 'am amrywiol brofiadau byw a bod':

Mae gen i wraig a saith o blant
Ac mae'n nhw'n cachu sache;
Myn yffach base'n well 'da fi
Eu gweld yn cachu syllte.

Ar ôl iddo basio'r 'Eleven Plus' yn Ysgol Gynradd Trefeurig – lle'r oedd y Gymraeg yn teyrnasu – bu raid iddo wynebu môr o Seisnigrwydd yn Ardwyn Grammar School yn Aberystwyth. Yno gelwid bechgyn a merched y wlad yn 'Shonis' ac yn 'Bushmen', a dyrchefid yr iaith Saesneg, rygbi, bocsio a rhedeg traws-gwlad uwchlaw popeth gwâr gan A. D. Lewis, prifathro gormesol a oedd yn gwbl rugl ei Gymraeg. Oni bai am W. Beynon Davies, athro gorau'r Gymraeg yng Nghymru i'm tyb i, a'r athro celf a'r artist athrylithgar Hywel Harries, byddai Tegwyn wedi torri ei galon yn llwyr. Roedd y profiad Ardwynaidd mor wahanol i'w fagwraeth ym mhlwyf Trefeurig lle'r oedd Cymreictod, dedwyddwch a doniolwch yn rhan annatod o fywyd.

Cofia Tegwyn yn dda am y profiadau a gawsai pan oedd yn grwt ifanc. Y tro hwnnw, er enghraifft, pan

welodd fuwch yn bwrw llo ym Maesmeurig neu ei wncwl
Dai yn lladd mochyn Dic Tan'rallt a'r creadur yn 'stagran
ar hyd y buarth a'i waed yn llifo' wrth sgrechian yn
arswydus. O bryd i'w gilydd, gan nad oedd gan ei dad
gar, câi fynd i Aberystwyth i'r sinema ar nos Sadwrn ar
hen fws melyn a gwyrdd – lliwiau'r friallen – a oedd gan
gwmni o'r enw 'The Primrose Bus Company'. Ac yntau'n
deithiwr ofnadwy o wael, byddai Tegwyn yn chwydu
ei berfedd yn amlach na pheidio. Ond dyna braf oedd
teithio adref yn y nos gyda'i gyd-bentrefwyr, gan forio
canu 'Calon Lân', 'Y Bwthyn ar y Bryn', 'I bob un sy'n
ffyddlon' a 'Cwm Rhondda', y pedwar llais i'w glywed yn
glir a'r asio cyn hyfryted ag unrhyw gôr eglwysig. Mewn
gwrthgyferbyniad llwyr, petai rhywrai'n dechrau canu un
o emynau'r Pêr Ganiedydd ar fysus o gwmpas y dref ar
nos Sadwrn fe gaent eu boddi gan sŵn llabystiaid yn y
seddi cefn yn canu 'Four and twenty virgins came down
from Inverness'. I gloi'r nosweithiau hapus hyn, meddai
Tegwyn, byddai raid iddo ef a'i gyd-deithwyr sobr,
ddibynnu ar fôn braich:

Rhyw ddwy filltir o Gwmsymlog – dyna enw'r pentref – dôi
stop sydyn ar y canu, oherwydd erbyn hyn byddem wedi
cyrraedd gwaelod Rhiw-gaer. Hen riw serth ydyw Rhiw-gaer,
ac i hen fws yn ei henaint, a'i lwyth yn pwyso'n drwm ar ei
anadl, yr oedd Rhiw-gaer yn gofyn gormod. Ar ei gwaelod
felly, byddai Billy Sims, yr hanner-Sais o yrrwr hoffus yn
troi'n ôl yn ei sedd ac yn gweiddi yn ei lais gwichlyd, 'All
hands on deck, bois bach!' a byddai'r dynion a'r hogiau i gyd
yn disgyn o'r bws ac yn rhoi eu hysgwyddau dan y baich.
Ar ôl llawer o duchan a rhegi a pheswch yn y mwg pygddu
a ddôi allan o dan y bws rywle, fe lwyddai'r dynion i gael yr
hen fws i ben y rhiw. Wedi cyrraedd y top, er mwyn dangos
mor falch ydoedd o goncro'r hen riw unwaith eto, mae'n
debyg, rhoddai ddwy neu dair clec enfawr nes deffro'r cwm a

neidiai lathenni yn ei flaen, a ninnau'r glaslanciau a'r dynion hŷn yn carlampo ar ei ôl.

Bachgen ifanc a fwynhâi bori mewn llyfrau oedd Tegwyn. Byddai ei fam yn darllen straeon allan o *Llyfr Mawr y Plant* yn ystod blynyddoedd y rhyfel a byth ers hynny darllen fu ei brif hyfrydwch. Ymhen amser, pan fyddai ef ei hun yn beirniadu gweithiau llenyddol pobl ifanc mewn eisteddfodau lleol, byddai Tegwyn bob amser yn eu hannog i gaboli eu mynegiant trwy 'ddarllen, darllen, darllen'. Hoffai gicio pêl hefyd, er nad oedd unrhyw le i gredu bod deunydd John Charles neu Gareth Bale ynddo. O bryd i'w gilydd fe gâi alwad frys i lenwi bwlch yn rhengoedd tîm pêl-droed Trefeurig – y 'Canerîs melyn' a oedd, heb amheuaeth, y tîm gwannaf yng Nghynghrair Pêl-droed Aberystwyth a'r Cylch. Nid un i frolio yw Tegwyn, ond ymfalchïa yn y ffaith iddo sgorio un gôl i'r clwb (aeth y bêl i mewn i'r rhwyd trwy goesau'r gôl-geidwad!) a hefyd arbed cic o'r smotyn pan orfodwyd ef i wisgo crys y gôl-geidwad. Ond fe dorrodd ei galon pan lofnododd y clwb chwaraewr profiadol o'r enw Teddy Morgan. Fel mae'n digwydd, roedd Morgan yn byw gyferbyn â mi ar stad Maesheli, Penparcau, ac yn adnabyddus i bawb fel 'Teddy Bombay' oherwydd ei brofiadau morwrol lliwgar ac amheus. Gôl-geidwad garw a thymhestlog ydoedd ac nid un i'w gythruddo ar faes pêl-droed nac yn unman arall. Anghofiodd Tegwyn mo'r cerydd a gafodd ganddo ar y cae rhyw brynhawn Sadwrn: 'Move further away will you – you're no use to me here.' A'r ddau yn chwarae i'r un tîm!

Gollyngdod i Tegwyn oedd rhoi pethau bachgennaidd fel hyn o'r neilltu pan enillodd ysgoloriaeth i astudio'r Gymraeg yn y Coleg ger y Lli. Fel y gwyddai eisoes, roedd cewri yn cerdded ar hyd coridorau'r hen hongliad hwnnw, a braf fu cael astudio wrth draed D. J. Bowen a Gwenallt ymhlith eraill, a gwneud ffrindiau â dau Gardi llengar arall a oedd yn hŷn nag ef o ddwy flynedd, sef Moc Rogers a Hywel Teifi Edwards. Gwnaeth yn fawr o'i gyfle, gan raddio gydag anrhydedd yn y Gymraeg ym 1958. Wedi blwyddyn o alltudiaeth yn dysgu plant Ysgol Uwchradd Ystrad Mynach yng Nghwm Rhymni, dychwelodd i'w gynefin i ymuno â staff Geiriadur Prifysgol Cymru ym 1961, priodi Beti Morgan yng Nghapel Annibynwyr Brynaman ar ddiwrnod olaf mis Mai 1966, ac ennill gradd MA am astudiaeth o ddau fardd o Gymro yn yr ail ganrif ar bymtheg – Edward Urien a Gruffudd Hafren – na chlywyd sôn amdanynt na chynt na chwedyn!

Ymgartrefodd Tegwyn a Beti ym Maes Ceiro, Bow Street, pentref lle'r oedd y pair diwylliannol yn dal i ffrwtian yn braf. Ganwyd mab ym 1972 a'i fedyddio'n Rhŷs ap Tegwyn. Fel y dengys llun ohono, pasiodd hwn ei brawf gyrru pan oedd yn dal yn ei glytiau! Ni fu crwt mwy poblogaidd yn y cylch na Rhŷs, na drygionus chwaith! Ac mae'n dal felly heddiw. Pan ofynnais iddo am lun da o'i dad llengar a pharchus, anfonodd ataf gyda'r troad lun a oedd yn dangos Tegwyn yn cynnig llwncdestun yn un o gyfarfodydd dirwestol Geiriadur Prifysgol Cymru. 'Rho gynnig arall arni,' meddwn i, ac o fewn oriau derbyniais lun arall gyda'r neges: 'Beth am hwn am lun o'i ben a'i ysgwyddau? Sobor hefyd os dwi'n cofio'n iawn!'

Rhaid ymddifrifoli cyn sôn am Tegwyn fel geiriadurwr. Rhwng 1961 a 1996 gwnaeth ddiwrnod rhagorol o waith fel is-olygydd yn Uned Geiriadur Prifysgol Cymru. I ddyn ifanc a ddotiai ar eiriau, roedd hi'n swydd ddelfrydol. Ni chafodd yr un cyfweliad ar ei chyfer ac, fel mae'n cyfaddef, 'fe lithres i mewn i'r swydd' a'i gael ei hun, gyda

ffwlsgap, pensel a rwber, mewn ystafell dywyll a llychlyd
yng nghefn Llyfrgell Genedlaethol Cymru, sef pencadlys
prosiect ymchwil tymor-hir pwysicaf Prifysgol Cymru.
Roedd uwchben ei ddigon. Dyma fenter a oedd ers
blynyddoedd wedi dod yn rhan o chwedloniaeth y genedl.
Dechreuodd y dasg ym 1920 pan benodwyd y Parch. J.
Bodvan Anwyl i arolygu'r gwaith o recriwtio byddin
o wirfoddolwyr lleyg – 'byddin Bodvan', fel y'u gelwid
– i baratoi slipiau yn cynnwys geiriau neu ymadroddion
Cymraeg yn ystod eu horiau hamdden. Er bod safon eu
cynnyrch yn anwastad ac weithiau'n gwbl wallus, roedd
y lleygwyr hyn yn llawn brwdfrydedd. Cafwyd hanes
am lowyr yn paratoi slipiau yn ystod eu hawr ginio dan
y ddaear ac am ffermwyr lluddedig yn troi at y dasg ar
ôl diwrnod o galedwaith yn y meysydd. Yn ôl pob sôn,
yr unigolyn mwyaf diwyd a dibynadwy oedd Stephen W.
Stephens o Gwm Gwendraeth. Cyflawnodd hwn wyrthiau.
Deuai'n rheolaidd ar fws i Aberystwyth er mwyn cyflwyno
llond hen siwtces o slipiau llawn gwybodaeth i Uned y
Geiriadur. Ac ni chollwyd cyfle i atgoffa'r fyddin deyrngar
hon fod yr athrylithgar Dr John Davies, Mallwyd, wedi
pwysleisio dair canrif ynghynt mai 'gwaith pwysfawr a
llafurus yw cyfansoddi geirlyfr'. Mewn geiriau eraill, nid
ar redeg mae aredig.

Golygydd proffesiynol cyntaf y Geiriadur oedd R. J.
Thomas, arbenigwr ar enwau lleoedd a ddisgrifiwyd
gan Dr Elwyn Davies fel 'un o bendefigion ysgolheictod
y Gymraeg'. Tyfodd pob math o straeon a chwedlau
amdano. Fel y gŵyr Tegwyn yn dda, cwyn bennaf y
cyhoedd diamynedd oedd arafwch y gwaith. Ond roedd
R. J. yn ddigon chwim ei feddwl ac yn ddigon o ddyn i
ddelio â chollfarn y cyhoedd. Ei ateb cadarn i gwestiwn
marwol ymwelwyr – 'Pryd fyddwch chi'n gorffen

y Geiriadur?' – oedd amneidio at y bocsys mawr a gynhwysai holl eiriau'r Geiriadur yn nhrefn yr wyddor a dweud: 'Welwch chi'r bocs yn dwyn y llythyren Y fan'co? Y am ywen. A fyddwch chi a fi dan yr ywen cyn i'r gwaith 'ma ddod i ben.' Nid siarad ar ei gyfer a wnâi R. J.. Wedi iddo ymddeol, a'r gwaith ymhell o ddirwyn i ben, bu farw ym 1976. Cydiwyd yn yr awenau flwyddyn cyn hynny gan Gareth A. Bevan, golygydd hynaws a geiriadurwr penigamp a fanteisiodd ar y chwyldro cyfrifiadurol i droi'r fenter yn un ddigidol. O ganlyniad, wedi wyth deg mlynedd o lafur cydweithredol arwrol, cyhoeddwyd yr argraffiad cyntaf o *Geiriadur Prifysgol Cymru*, mewn pedair cyfrol drwchus, yn 2002. Erbyn hynny, wrth gwrs, roedd Tegwyn eisoes wedi ymddeol ers peth amser ac yn troi ei law at bethau eraill. Ond cafodd chwarae rhan lawn yn y dathliadau.

Pan ofynnwyd i Tegwyn grynhoi ei brofiad ef o fod yn rhan o saga fawr y Geiriadur, dywedodd mai 'cyfnod hapus ydoedd, jiw, jiw, oedd', ac wfftiai bob amser at ddisgrifiad yr enwog Ddr Samuel Johnson o'r geiriadurwr fel 'a harmless drudge'. Cofia hyd heddiw mai'r geiriau cyntaf a osodwyd o'i flaen i'w hastudio oedd 'gloddest', 'gloddesta' a 'gloddestwr', geiriau a barodd iddo deimlo'n llwglyd drwy'r dydd am bythefnos cyfan! Dro arall byddai'n gorfod ymlafnio'n chwyslyd â geiriau fel 'sbectograff', 'sbectromedr', 'sbectrogopi' a 'sbectrwm' cyn troi at dasg fwy hwyliog fel bathu ymadroddion fel 'sbectol waelod potel' a 'sbectol tin pot jam' am sbectol drwchus. Byddai croeso i bob barn ymhlith y tîm ar yr amod bod pob awgrym yn eglur ac yn ddealladwy i drwch y gynulleidfa. Wrth fwrw golwg yn ôl, cyfeiriodd yr is-olygydd Richard Crowe at un gwahaniaeth barn a achosodd gryn hwyl:

Cofiaf deimlo dicter cyfiawn wrth weld drafft cynnar o'r erthygl am 'marmoset'. Y diffiniad oedd: 'Mwnci bychan ac iddo wyneb hyll.' Druan ag ef. Rhaid nad oedd y marmosetiaid yn gweld ei gilydd mor hyll â hynny, neu byddai'r rhywogaeth wedi hen ddarfod.

Ni ŵyr neb ond y sawl, fel Tegwyn, a weithiodd ar y prosiect hwn faint o ddisgyblaeth, ymroddiad a blas ar eiriau sy'n ofynnol. Ond fe hoffwn gredu ei fod wedi cymryd hoe fach rhyw brynhawn trymaidd i saernïo un o'i limrigau mwyaf bachog wrth baratoi ar gyfer un o bwyllgorau sych a hirwyntog y Brifysgol:

Gwelais gerllaw Alltyblaca
Ferch ifanc yn ymolch mewn twba
  'Dowch i mewn', medde hi
  'Na wir', meddwn i
'Dwi off – gen i Bwyllgor prynhawn 'ma.'

Yn ystod ei oriau hamdden ac wedyn ar ôl ymuno â'r ymddeoledig rai ym 1996 y cyfoethogodd Tegwyn, fel unigolyn, ein diwylliant fwyaf drwy gyhoeddi cenllif o lyfrau ac ysgrifau ar iaith, tafodiaith, hanes, clonc a chân gwerin-bobl. Daeth yn un o hyrwyddwyr pennaf yr awen ysgafn, a chan ei fod mor hyddysg yn y Gymraeg a'i llên gallai bob amser lefaru ac ysgrifennu ag awdurdod. Arbenigai ar beri i eiriau chwerthin ac, iddo ef, nid rhywbeth i'w gyfyngu i brifysgol, amgueddfa a llyfrgell yw llên y werin, ond rhywbeth i'w rannu â phawb ac i ymfalchïo ynddo.

Ond i gychwyn, rhaid rhoi sylw teilwng i astudiaeth gynnar o'i eiddo am ddyn dŵad a fu'n boen i lawer iawn o drigolion gogledd Ceredigion, sef Lewis Morris, Llywelyn Ddu o Fôn. Pan glywodd Tegwyn brifathro Ysgol Gynradd

Trefeurig yn sôn am y Monwysyn disglair hwn fe foelodd ei glustiau oherwydd gwyddai fod cyswllt rhwng y dieithryn hwn a bro ei febyd. O holi ei rieni, dysgodd fod ei fam wedi ei geni a'i magu yng Nghwmsymlog, nid nepell o fferm gyfforddus Alltfadog lle yr ymgartrefodd Lewis Morris ym 1746. At hynny, hanai tad Tegwyn o'r Dollwen, Goginan, yng ngolwg Penbryn, ail gartref Lewis rhwng 1757 a'i farwolaeth ym 1765. Nid unwaith na dwywaith y crybwyllwyd enw Lewis Morris ar aelwyd Cemlyn, a daeth Tegwyn i'w edmygu'n fawr. Un o'r cymeriadau mwyaf amryddawn a helbulus a welwyd erioed yng Ngheredigion oedd y dyn boliog hwn a adwaenid gan ei frodyr fel 'Y Tew'. 'Philomath' o'r iawn ryw ydoedd: bardd, cyhoeddwr, dyfeisiwr, gwyddonydd, llenor, mapiwr, mathemategwr, mwyngloddiwr, naturiaethwr a sawl 'wr' arall. Lle bynnag yr âi Lewis Morris, dôi helynt yn ei sgil. Ac felly y bu yng ngogledd Ceredigion pan benodwyd ef ym 1744 yn Stiward Maenorol y Goron ym mwyngloddiau Cwmsymlog a Chwmerfin. Roedd yn ddigon hyderus i alw Edward (Ned) Hughes, gofalwr esgeulus y gwaith mwyn yng Nghwmerfin-bach, yn 'sucanwr pendeneu a hwyaden sychedig, blerwm boliog a glafoeriwr chwydlyd'. Hawdd deall ei apêl i rywun fel Tegwyn a oedd mor hoff o gymeriadau lliwgar a digrifwch bras. Ym 1982, felly, gwireddodd hen freuddwyd trwy gyhoeddi *Y Llew a'i Deulu: Hanes Lewis Morris yng Ngheredigion*.

Wrth baratoi'r gyfrol, dibynnodd Tegwyn yn helaeth ar lythyrau godidog Morrisiaid Môn, gan roi sylw arbennig i'r berthynas ddiddorol rhwng Lewis Morris a'i ferch Pegi ac a'i ail wraig Anne. Ceir deunydd sitcom hwyliog yn hanes bywyd cythryblus y tri. Merch anufudd a phenchwiban o briodas gyntaf Lewis Morris oedd Pegi. Meddyliwch amdano'n cyfeirio ati fel 'my silly unfortunate daughter … God help her, she never had common sense.' Yn groes i ddymuniad ei thad, roedd Pegi'n benderfynol o briodi Dafydd Morgan, mwynwr tlawd o Gardi. Cam gwag, meddai ei thad, gan y byddai hynny'n ei chadwyno i fudreddi, carpiau ac anwybodaeth am weddill ei hoes. Mawr fu gwawd y teulu Morris, hefyd, pan ailbriododd Lewis ym 1749, y tro hwn â Chardi arswydus braidd, sef Anne Lloyd, aeres ystad Penbryn, ger Goginan. Meddai William, brawd Lewis:

Wawch! Wfft i hyn. Na bo mo'nd i grybwyll! Dacw'r brawd Llew wedi ymbriodi ag un ieuanc o lwyth Ceredigion! Gŵr o haner canmlwydd oed yn ymglymmu a benyw oddeutu 25! Glew fydd y Llew hyd yr Llwyd.

Yn ôl y sôn, roedd gan Anne dafod mor finiog fel y bedyddiwyd hi yn 'Capten' neu'n 'Cadben'. Eto i gyd, dotiai Lewis arni a buont yn caru'n ddigon aml i gynhyrchu naw o blant. Cofnodai Tegwyn yr helyntion hyn gyda chryn foddhad! A chafodd bleser mawr hefyd yn llunio darlun o Lewis Morris, un a oedd yn seiliedig ar yr unig ddarlun hanesyddol ohono sydd gennym, a'i osod ar glawr y gyfrol. Dyma ragflas o'i ddawn fel arlunydd. Faint o lenorion eraill Cymru, tybed, fyddai'n gallu gwneud hyn?

Ym mis Ebrill 2001 traddodais ddarlith ar Lewis Morris gerbron Cymdeithas Hanes Ceredigion yn Ystafell y Cyngor, Llyfrgell Genedlaethol Cymru. Roedd yr ystafell yn llawn a rhybuddiais y gynulleidfa ar y dechrau y byddwn yn cynnwys dyfyniadau o natur rywiol a alltudiwyd o lythyrau cyhoeddedig y Morrisiaid gan olygyddion surbwch yn y gorffennol. Euthum mor bell ag awgrymu y byddai'n beth doeth i bob piwritan a sant ymadael yn syth. Er mawr syndod i mi, ni chiliodd yr un copa walltog, gan roi penrhyddid i mi ddyfynnu deunydd priddlyd a thramgwyddus na chlywyd mo'i fath erioed o'r blaen yn Ystafell y Cyngor. Ar y diwedd daeth Tegwyn Jones ataf i'm llongyfarch am fod yn 'llawer dewrach na mi!'. Ond ymhen ychydig fisoedd bu Tegwyn yn fwy rhyfygus o lawer na mi. Fe gyhoeddodd gyfrol gampus ar fywyd a gohebiaeth Siôn Owen, nai Morrisiaid Môn. Cymeriad ifanc eithriadol o alluog a doniol oedd hwn ond, diolch i ymyrraeth sensoriaid Ymneilltuol, fe'n rhwystrwyd rhag blasu'n llawn afiaith llenor o'r radd flaenaf a fu farw ar fordaith ym 1759. Cywirodd Tegwyn y cam hwnnw. Ymhlith llawer o ddisgrifiadau cyfareddol o ddigri gan Siôn Owen, ceir y portread cwbl ragfarnllyd hwn o'r 'Capten' Anne, gwraig Lewis Morris:

> ... globen o Gapten tinrhwth a chloben o g----t grinllyd, grybychlyd, grychlyd, gnechlyd, ddrewllyd, gachlyd, biblyd, gynrhonllyd, waedlyd ... surllyd, bislyd, grawnllyd, chwyslyd, glafoerllyd, lyslyd.

Fel y gwelir, nid oedd llawer o gariad rhwng y nai a'i fodryb na chwaith rhwng y nai a'i ewythr. Chwarae teg i Tegwyn, felly, am ymwrthod â'r demtasiwn i hepgor cyfeiriad gan Siôn Owen at ymddygiad llamsachus Lewis Morris yn Llundain ym 1758. Ymddengys fod y Llew o Fôn wedi llygadu rhyw forwyn ac wedi codi am bump y bore ym mis Ionawr 'gan osod y lodesig ar draws rhyw fwrdd oedd yn y tŷ [a'i] gweithio hi yn dingrych'.

Ymserchodd Tegwyn yn Lewis Morris hefyd oherwydd ei fod yn dweud pethau mawr am frenhinoedd Lloegr, er gwaethaf iddo ef ei hun fod ar un adeg yn was cyflogedig i'r Goron. Galwai Siôr yr Ail 'Y Morthwyl Mawr' a phethau carlamus eraill. Un noson breuddwydiodd ei fod yn sefyll yn y môr hyd at ei fogel a bod Siôr yr Ail yn sefyll wrth ei ymyl. Wrth i'r ddau sythu yn y dŵr, cyfansoddodd Morris gwpled bachog:

Dyma'r haf, lle braf i'r Brenin,
O ŵr tew, i oeri tin.

Efallai mai dyma'r lle priodol i'ch atgoffa mai Siôr yr Ail yw'r unig frenin yn hanes Lloegr, hyd y gwyddys, i farw tra'n eistedd ar yr orseddfainc yn ei dŷ bach. Mae Tegwyn yn rhy fonheddig i nodi'r ffaith bwysig hon yn ei waith a gellir ei faddau'n rhwydd am ei esgeulustod!

Er bod Lewis Morris a'i frodyr wedi dilorni'r 'beirdd bol clawdd' yn aml yng nghanol y ddeunawfed ganrif, câi Tegwyn fodd i fyw wrth ddarllen eu gwaith. Fe barchai bob baledwr, tribannwr a rhigymwr a geisiai werineiddio'r traddodiad diwylliannol yng Nghymru trwy gyfansoddi cerddi syml, bachog a llawn hiwmor. Clywir afiaith 'y werin gyffredin ffraeth' yn y canu amrwd hwn, canu y mae Tegwyn yn gryn feistr arno, yn rhannol oherwydd ei fod yn ei ddydd yn ceisio plesio'r 'sglyfs' yn hytrach na'r 'siwds'. Yn amlach na pheidio, cymeriadau brith oedd baledwyr y ddeunawfed ganrif a'r bedwaredd ganrif ar bymtheg; rhai cloff neu ddall neu fyddar oeddynt a chanent fel arfer mewn ffeiriau ac ar sgwâr pentrefi cefn gwlad. Er nad oedd fawr o raen ar ei ganeuon, cyfrifid Abel Jones, Bardd Crwst, yn frenin y baledwyr, ond yn dynn wrth ei sodlau dôi Ywain Meirion a Dic Dywyll. Pwy na roddai swm go fawr o arian am gael gweld a chlywed Ywain Meirion a Dic Dywyll yn canu ac yn dadlau gerbron cynulleidfa awchus yn Nhal-y-bont, Ceredigion, ym 1864? A'r pwnc dan sylw? 'Anfanteision crinolin dan beislau merched!' Er nad oes fawr o werth llenyddol yn perthyn i'r baledi, eu gwreiddioldeb a'u clyfrwch geiriol a apelia at Tegwyn.

Dyma un enghraifft, ymhlith llawer, sydd bob amser yn ei oglais gan ei fod yn gyfuniad o'r dwys a'r doniol:

Gwrandewch yn awr, y Cymru cu,
Mae cân ryfeddol genyf fi,
Nid yw'n un sen i'r dynion sy'
   Yn meindio eu busnes eu hunain.
Ond rhoddi clod i'r rhain yn rhwydd,
A'u mwynder llon, a maint eu llwydd,
Fel del pob dwyn i garu'r swydd,
   Sef meindio ei fusnes ei hunan.
Yn llwyr ar daith 'r aeth llawer dyn,
Mewn osgo'n dost yn wisg ei din,
Am iddo lwyr anghofio ei hun,
Mae'n arw 'i nad dan blaned flin;
A llawer Cymro yn ein gwydd
A ddaeth yn mlaen trwy lawen lwydd –
Mae'n dweyd, Cysurus ydyw'r swydd,
   Sef meindio'm busnes fy hunan.

Cyfrol sy'n gwbl nodweddiadol o'r Tegwyn a adwaenwn yw *Ar Dafod Gwerin* (2004), casgliad o 1,193 o benillion a rhigymau coll sy'n cynnwys perlau o ddigrifwch am amrywiol brofiadau a theimladau gwerin-bobl ledled Cymru. Meddai Tegwyn: 'Ymddiddan "y werin gyffredin ffraeth" â hi ei hun yw swm a sylwedd y casgliad hwn.' Mae'r rhan fwyaf o'r deunydd yn anhysbys, ond wedi byw ar dafodleferydd dros y cenedlaethau. Afraid dweud bod llawer o'r cynnyrch mwyaf mentrus a phriddlyd yn hanu o Geredigion. Dyma rai tameidiau blasus:

Dafydd Dafis Ffos-y-ffin
Gollodd allwedd twll ei din;
Methu ffindio'i 'n ddigon clou
Holltodd twll 'i din e'n ddou.

Yn ôl Tegwyn, 'braint aruchel' oedd cael ei eni ym mhentref Pen-y-bont Rhydybeddau ym mhlwyf Trefeurig.
Ann Ffrancon

'Cemlyn', y tŷ teras lle y magwyd Tegwyn.
Ann Ffrancon

Olwen Jones, mam Tegwyn.
Teulu Tegwyn Jones (trwy law Elwyn Ioan a Rhŷs ap Tegwyn)

Thomas Morgan Jones, tad Tegwyn.
Teulu Tegwyn Jones (trwy law Elwyn Ioan a Rhŷs ap Tegwyn)

Graddiodd
Tegwyn gydag
anrhydedd yn
y Gymraeg yng
Ngholeg Prifysgol
Cymru ym 1958.

Teulu Tegwyn Jones
(trwy law Elwyn Ioan a
Rhŷs ap Tegwyn)

Priodwyd Tegwyn
a Beti Morgan
ym Mrynaman ar
31 Mai 1966.

Teulu Tegwyn Jones
(trwy law Elwyn Ioan a
Rhŷs ap Tegwyn)

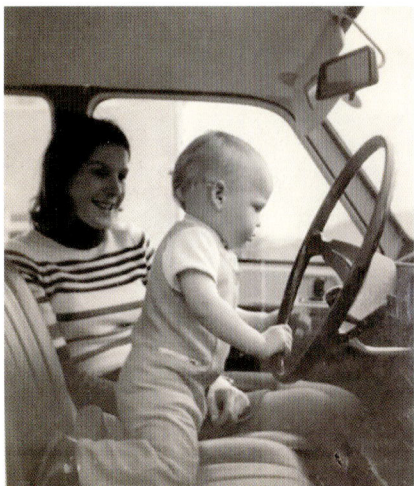

Dywedir bod Rhŷs ap Tegwyn (g. 1972) yn gallu gyrru lorïau a bysiau pan oedd yn ddwy oed!

Teulu Tegwyn Jones (trwy law Elwyn Ioan a Rhŷs ap Tegwyn)

Tegwyn yn cynnig llwncdestun yn erbyn diodydd meddwol o bob math yn un o gyfarfodydd dirwestol Geiriadur Prifysgol Cymru.

Teulu Tegwyn Jones (trwy law Elwyn Ioan a Rhŷs ap Tegwyn)

Wedi iddo hen basio oed yr addewid, dechreuodd Tegwyn wisgo'i wallt yn hir.

Teulu Tegwyn Jones (trwy law Elwyn Ioan a Rhŷs ap Tegwyn)

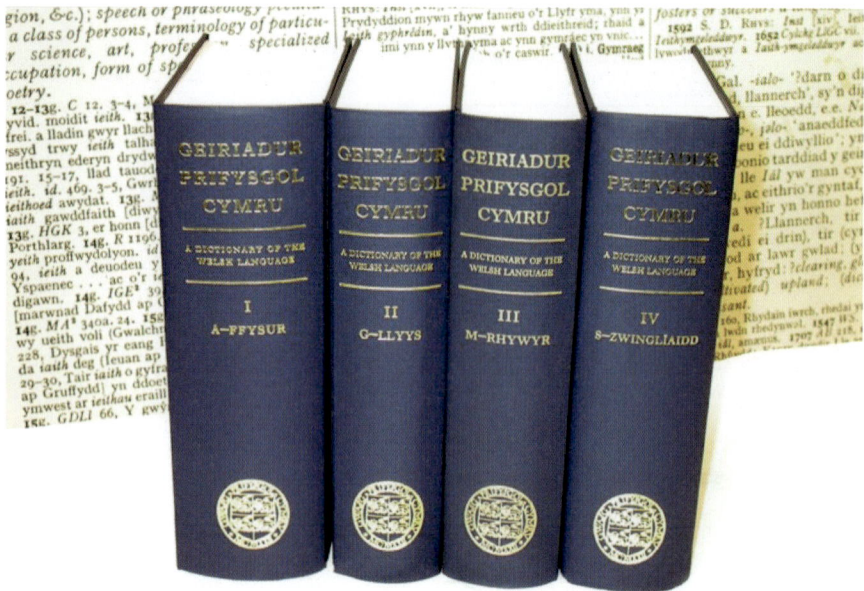

Geiriadur Prifysgol Cymru: campwaith os bu un erioed.
Geiriadur Prifysgol Cymru

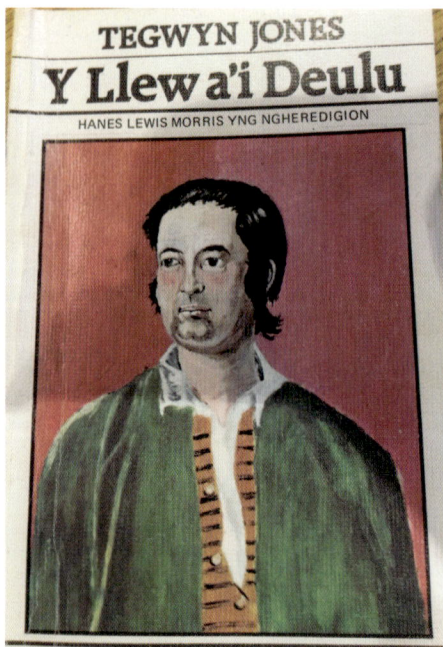

Un o gyfrolau hyfrytaf Tegwyn yw *Y Llew a'i Deulu*, hanes tymhestlog Lewis Morris, 'Y Tew' o Fôn, yng Ngheredigion.
Y Lolfa

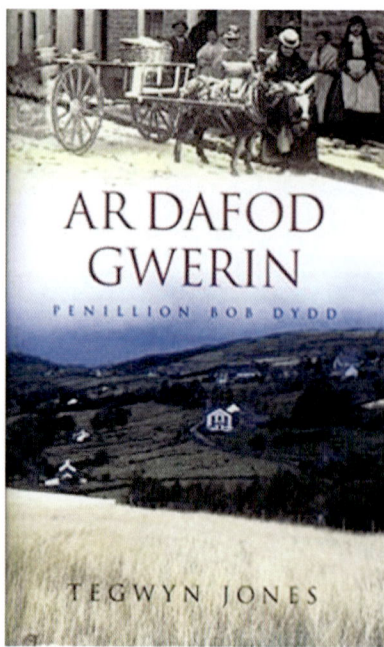

Ceir dros fil o benillion a rhigymau blasus y werin-bobl yn y casgliad *Ar Dafod Gwerin*.
Y Lolfa

Ar gyfer clawr *Anecdotau Llenyddol*, lluniodd Tegwyn gartŵn o Dic Aberdaron yn sgwrsio'n braf gyda'r digymar Iolo Morganwg.
Y Lolfa

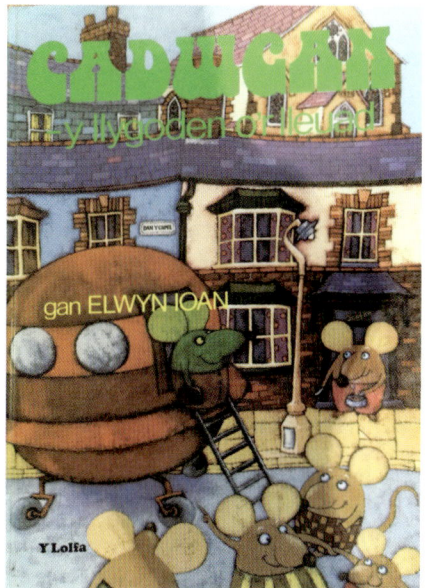

Diolch i Tegwyn a'i frawd Elwyn Ioan, daeth Cadwgan, llygoden wen o'r lleuad, yn ffefryn mawr ymhlith plant Cymru.
Y Lolfa

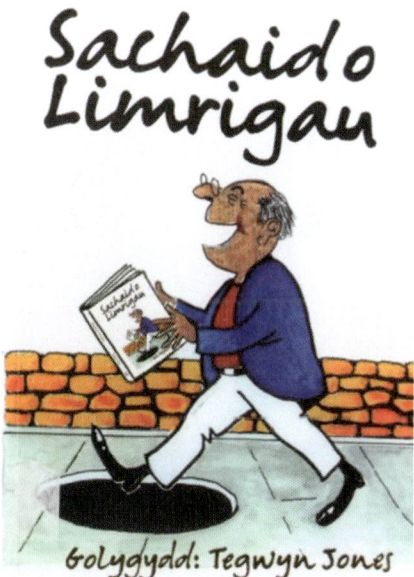

Ceir perlau doniol tu hwnt yn y casgliad gwych hwn gan Tegwyn.
Cyhoeddiadau Barddas

Daeth·bargen·annisgwyl·i·Jim
Wrth·siopa·gerllaw·Pont-y-Cim
Fe·brynodd·hen·wreigen
Am·chydig·dan·chweugen
A·chafodd·un·ar·all·am·ddim

Tybed faint o Gymry sy'n gallu cyfoethogi limrig â chartŵn digri?

Teulu Tegwyn Jones (trwy law Elwyn Ioan a Rhŷs ap Tegwyn)

AETH·DAVID·LLOYD·GEORGE
YN·ÔL·RHAI
AR·ÔL·SESIWN·GO·DROM
※ YN·VERSAILLES ※
AM·WÂC·FACH·JO·CÔS
A·THREULIO·MIN·NOS
GYDA·FFRANCES·FACH·DLOS
A·PHAM·LAI?

Www la la: Lloyd George a 'Ffrances fach dlos'!

Teulu Tegwyn Jones (trwy law Elwyn Ioan a Rhŷs ap Tegwyn)

DA·FU·FAIR·DDIWAIR·EIRIAWL
DWYN·DUW·I·DDIWYNO·DIAWL
DA·FU·DUW·IÔR·DIOER·OROEN
A'I·GROES·DDWYN·PYMOES·OU·POEN
DA·Y·GWNÊL·MAB·MAIR·
AIR ☆ ADDEF
EIN·DWYN·OLL·BOB·DYN·I·NEF
DAFYDD·AP·GWILYM

Enghraifft ardderchog o ddawn Tegwyn fel llythrennwr cain.

Teulu Tegwyn Jones (trwy law Elwyn Ioan a Rhŷs ap Tegwyn)

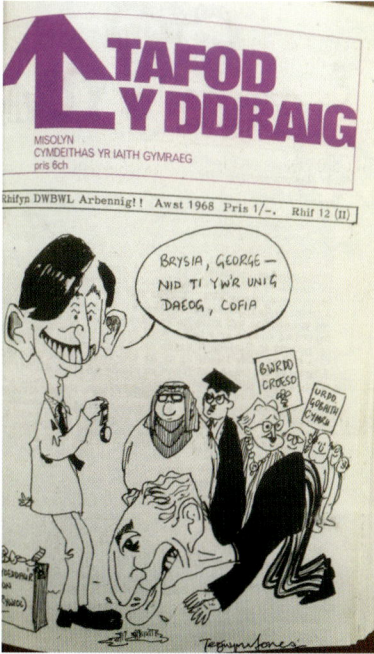

Mae'r cartŵn crafog hwn gan Tegwyn yn dwyn i gof eiriau ei arwr James Thurber: 'Mae hiwmor yn beth difrifol iawn.'

Y Lolfa

I'm tŷb i, hwn yw'r cartŵn gwleidyddol perffeithiaf a luniwyd erioed gan Gymro Cymraeg.

Y Lolfa

Piwritaniaeth yw'r ofn fod rhywun yn rhywle yn gwenu'n hapus.

Y Lolfa

Un o arfau grymusaf Y Lolfa yn y chwedegau oedd cartwnau a limrigau Tegwyn.
Y Lolfa

Tegwyn y protestiwr yn cymryd ei le ymhlith 'Yr Hapi Wariars', chwedl Merêd.
Teulu Tegwyn Jones (trwy law Elwyn Ioan a Rhŷs ap Tegwyn)

Pencwns Aberteifi yn yfed diod goch,
Smoco lot o faco – ach-y-fi, y moch!

Yr iach a gach y bore,
Yr afiach y prynhawn,
A'r sawl na gach o gwbwl
Yn wir sy'n afiach iawn.

Bedyddwyr penne twp
Yn mynd i uffern bob yn drwp.

Trwy ddarganfod a dosbarthu ffrwyth yr wythïen hynod gyfoethog hon, llwyddodd Tegwyn i ddal afiaith gwerinwyr a'i chadw rhag llithro i ebargofiant.

Cyfrol arall gan Tegwyn sy'n dathlu iaith gyhyrog a hiwmor gwerinol ac agos-atoch y Cymry yw *Ambell Air ac Ati* (2013), gwaith a ddisgrifiwyd gan y golygydd fel 'rhyw siaced fraith o gyfrol'. Ac yntau'n eiriadurwr profiadol, roedd Tegwyn mewn sefyllfa ddelfrydol i esbonio geiriau astrus, masweddus ac anghyfarwydd. Dros nifer o flynyddoedd cyfrannodd golofn ragorol i'r cylchgrawn *Llafar Gwlad* yn trafod ystyr a defnydd geiriau a phriod-ddulliau gwerin-bobl. Os ydych am ganfod gwreiddiau geiriau fel 'gwlad' a 'treftadaeth' neu ddod o hyd i'r gwahaniaeth rhwng 'cicaion' a 'ciconia', fe wyddoch lle i gael gafael ar yr atebion. Ni fydd geiriau fel 'clewyn', 'llefelyn' a 'llyfrithen' yn ddieithr i chi mwyach ac ni fyddwch chwaith yn brin o wirebau cyfoethog i'w defnyddio dros swper. Dyma, er enghraifft, ei ffordd ddifyr ef o drafod tarddiad y gair 'hiraeth':

Y mae Geiriadur y Brifysgol yn awgrymu'r posibilrwydd mai cyfuniad ydyw o 'hir' a'r gair 'aeth', hen air yn golygu 'poen, loes, tristwch', a gair sy'n fyw o hyd mewn ambell dafodiaith. Clywais fwy nag unwaith gyfaill i mi o Lanelli, er enghraifft,

yn dweud, 'Wel! Fe geso i âth' pan fyddai ryw fraw neu
ddychryn wedi dod i'w ran, 'âth' yma o 'aeth', ac o roi 'hir'
o'i flaen, dyna gael 'hir aeth', hynny yw, loes neu boen neu
dristwch sy'n para am amser.

Pam, meddwch chi, fod casglu a diogelu geiriau ac
ymadroddion fel hyn mor bwysig? Gan Lyn Ebenezer,
Cardi llengar a doniol arall, mae'r ateb:

> Geiriau a phriod-ddulliau tafodieithol yw cromosomau'r
> iaith. Nhw sy'n llunio DNA ein broydd. O golli tafodiaith, y
> perygl nesaf fydd colli'r iaith. Heb yr hen eiriau a'r priod-
> ddulliau hyn mae'r cynfas ieithyddol yn wag a di-liw.

Un da am weld bwlch yn y farchnad lyfrau yw Tegwyn.
Un enghraifft sydd wedi gwerthu fel tân gwyllt yw
Anecdotau Llenyddol (1987), cyfrol o straeon cyfareddol
yn ymestyn o ddyddiau Dafydd ap Gwilym hyd at Waldo
Williams. Ymhlith tua chant a hanner o gymeriadau
gwreiddiol, gan gynnwys rhai fel Twm o'r Nant, Elis
y Cowper a Llew Llwyfo, ceir dros 400 o anecdotau
personol darllenadwy sy'n torri cwys newydd ym myd
llyfrau Cymraeg. A bonws ychwanegol yw'r cartŵn gan
Tegwyn ar y clawr sy'n dangos Dic Aberdaron yn adrodd
stori afaelgar wrth Iolo Morganwg. Dau lyfrbryf ecsentrig
yn rhoi'r byd yn ei le! Wrth droi'r tudalennau fe ddewch ar
draws lliaws o sefyllfaoedd gogleisiol a chwithig wrth i rai
o gymeriadau tafodrydd ein hanes ddweud eu dweud. Da
chi, peidiwch ag anghofio darllen stori rhif 267 sy'n adrodd
hanes gan Daniel Owen am ryw bregethwr a aeth i'r fath
hwyl yn y pulpud nes i'w ddannedd gosod dasgu o'i geg i'r
sêt flaen, er mawr ddychryn i'r blaenoriaid a difyrrwch i'r
gynulleidfa. Mewn sylw enigmatig, dywedodd Hywel Teifi
Edwards, wrth ganmol y gwaith, y byddai pawb yn cael

pleser o'i ddarllen 'a bwrw y bydd y merched yn barod i dderbyn nad oedd ond dwy ohonynt yn haeddu lle ynddo a bod un o'r rheini wedi gwneud ei gorau i ymddwyn fel dyn!'

Gŵyr pawb sy'n dotio ar lyfrau Tegwyn ei fod yn gallu ein tynnu ni i mewn i fyd plentyn hefyd. Diolch i'w fam, coswyd ei ddychymyg yn gynnar iawn gan y straeon poblogaidd am Wil Cwac Cwac, Siôn Blewyn Coch a Siân Slei Bach a geid yn *Llyfr Mawr y Plant*. Pan sefydlwyd Gwasg y Lolfa dechreuodd weithio'n ddedwydd iawn ar y cyd â'i frawd dawnus Elwyn Ioan, cartwnydd a dylunydd hynod greadigol, wrth baratoi storïau, cerddi, cartwnau, posau a llu o bethau difyr eraill. Un o'u cyfresi mwyaf poblogaidd oedd cyfres 'Cadwgan' a lansiwyd ym 1980. Llyfr llawn lliw oedd hwn i blant yn adrodd hanes swrealaidd llygoden wen o'r lleuad o'r enw Cadwgan. Cyn pen deufis roedd dwy fil o gopïau wedi hedfan oddi ar silffoedd ein siopau llyfrau Cymraeg. Serennai wyneb Cadwgan ar gardiau Nadolig, bathodynnau a gwahoddiadau i bartïon. Ymhen dwy flynedd roedd y ddau frawd wedi cwblhau cyfrol ysgubol o boblogaidd arall ar y cyd. Gofalodd Elwyn am y lluniau a lluniodd Tegwyn sgript gyffrous am orchest Cadwgan a llu o anifeiliaid yn gefn iddo, sef achub carn Yr Wyddfa o ddwylo'r dieflig Syr Brochwel y Mochyn, a drigai mewn plasty crand ger Crucywel ym Mhowys. Fel hyn y cofnodwyd stranciau'r mochyn cynddeiriog gan Tegwyn:

> Neidiai i fyny ac i lawr yn ei dymer, gan daro'i ben yn erbyn waliau'r plas. Gwichiai a rhochiai'n uchel, a thaflai fwyd a llestri at unrhyw un a fentrai'n agos ato. Bu felly am wythnos gyfan, ac yn ystod yr amser hwnnw, ni chafodd y pedwar gwyliwr ddim oll i'w fwyta ond cawl blawd llif, a tharten weier bigog heb gwstard.

Petawn yn gorfod dewis y gerdd ddwli orau gan
Tegwyn, 'Llan-twdl-dw' fyddai'n mynd â hi bob tro am
ei bod yn cyfuno dawn dweud, dychymyg byw a digon o
sbort a sbri. Dyma hi yn ei chyflawnder:

Pan fyddwch tro nesaf am fyned i'r dre
Ond ddim yn cael dyfod ar gyfyl y lle,
Gwell llawer na phwdu a chrio bw-hw
Fydd mynd am brynhawn bach i Lan-twdl-dw.

O! dyma le hyfryd – yn wir tewch â sôn –
Does unlle yn debyg o Fynwy i Fôn.
Gwell ydyw na syrcas, gwell hefyd na sŵ,
Mae pob rhyw ryfeddod yn Llan-twdl-dw.

Ceiliogod yn ddarllen, gwiwerod yn gwau,
Hen wragedd bach bochgoch yn byw mewn coed cnau,
Y gwartheg yn mewian a'r gath yn dweud 'Mŵ!'
Rhyw le reit gyffredin yw Llan-twdl-dw.

Does neb yno'n cerdded – mae'n ormod o ffws
Na neb chwaith yn aros am dacsi neu fws,
Cewch yrru o gwmpas ar gefn cangarŵ,
Mae pethau'n fwy modern yn Llan-twdl-dw.

Cewch ddringo pob coeden a neidio pob ffos
Ac aros yn effro tan ganol y nos.
Does neb yn dweud 'Peidiwch', 'Twt-twt' na 'Pw-pw',
Cewch wneud fel y mynnwch yn Llan-twdl-dw.

Mae pawb yno'n chwerthin – does neb byth o'i go,
A chroeso sydd yno i bawb ddaw am dro.
Os dewch ar ymweliad fe af ar fy llw
Nad ewch chi byth wedyn o Lan-twdl-dw.

Afraid nodi bod Tegwyn wedi'i heintio'n bur gynnar
yn ei yrfa gan y chwiw limrigol. Mae'n rhaid dychwelyd
i ddechrau'r ugeinfed ganrif i weld y traddodiad hwn yn

dechrau blodeuo yng Nghymru, ond ni chafwyd cynnydd sylweddol nes i Waldo Williams ac Idwal Jones droi'r Coleg ger y Lli yn ffatri cynhyrchu limrigau. Bu dyfodiad y radio yn hwb pellach, yn enwedig pan neilltuodd Radio Cymru le i raglenni bywiog fel 'Talwrn y Beirdd', 'Dros Ben Llestri' a 'Pwllffacan'. Gan fod Tegwyn yn gyfathrebwr mor ddoniol – byddai gwragedd hen ac ifanc yn dotio ar ei lais melfedaidd – câi ei alw'n fynych i gymryd rhan yn y rhaglenni hyn. Bu'n gyfrifol am drefnu cystadleuaeth 'Limrig y Dydd' yn yr Eisteddfod Genedlaethol am flynyddoedd lawer ac ef oedd y dewis gorau posibl ar gyfer golygu'r gyfrol *Sachaid o Limrigau* a gyhoeddwyd gan Cyhoeddiadau Barddas yn 2011. Ceir sawl enghraifft o'i ddawn gellweirus yn y detholiad ac fe'ch dyffeiaf i beidio â chwerthin ei hochr hi wrth ddarllen y limrigau canlynol. Gyda llaw, mae'n werth eich atgoffa mai dynion yw limrigwyr Cymru a dyna pam nad oes llwchyn o gywirdeb gwleidyddol yn perthyn iddynt:

Daeth bargen annisgwyl i Jim
Wrth siopa gerllaw Pont-y-Cim
    Fe brynodd hen wreigen
    Am chydig dan chweugen
A chafodd un arall am ddim.

Aeth David Lloyd George yn ôl rhai
Ar ôl sesiwn go drom yn Versailles
    Am wâc fach jocôs
    A threulio min nos
Gyda Ffrances fach dlos, a pham lai?

A phwy yw hon sy'n dyrnu crwt bach yn ei dosbarth ond yr athrawes sguthanllyd Cranogwen:

Rhyw lanc roddodd winc yn ei flys
Ar Granogwen (Miss Sarah Jane Rees)
    Ond yn hytrach na gwên
    Neu rhyw sibrwd bach clên
Cafodd glec dan ei ên, iff iw plis.

Gan fod Tegwyn, fel y cawn weld, yn edmygu pob aelod o'r teulu brenhinol presennol ac, fel Lewis Morris, yn breuddwydio amdanynt yn aml, roedd hi'n beth naturiol iddo i'w gyfrif ymhlith caredigion y Gymraeg:

Breuddwydiais fod Phil Dug Caeredin
Yn Llambed yn feirniad yr englyn
    Barchus Lywydd, medd ef
    Yn gintachlyd ei lef
Ond sai'n cofio be wedodd e wedyn.

Diolch i raddau helaeth i Tegwyn, felly, daeth crefft y limrigwr, o ran tynnu coes a dychan, yn rhan allweddol o'n treftadaeth lenyddol yng Nghymru ac yn fodd i adlonni cynulleidfaoedd awchus yn y Babell Lên ac yn eisteddfodau bach y wlad. Pa ffordd well o warantu storm o chwerthin na thrwy ddyfynnu'r limrig clyfar canlynol gan fardd anhysbys, cerdd a achubwyd gan Tegwyn yn ei flodeugerdd:

'Mae un peth yn wir yn fy synnu',
Meddai'r llwynog fin nos wrth ei deulu
    'Bore heddiw sha'r top
    Arhoses am stop,
A phwy welais ond R. Williams Parry.'

Mae Tegwyn yr un mor ddawnus fel artist a chartwnydd. Gall wneud gwyrthiau ag ysgrifbin ac inc o wahanol liwiau trwy lythrennu'n gain yn null yr artist enwog David

Jones. Yng nghwmni ei gyfaill dawnus Huw Ceiriog, mae wedi cynllunio a chyhoeddi cardiau Nadolig trawiadol yn flynyddol, rhai ohonynt er mwyn cefnogi Cronfa Goffa Saunders Lewis, a'u cyhoeddi dan enw Gwasg y Wern ac yn ddiweddarach Gwasg Nant y Mynydd. Gwelir gwaith llythrennu ysblennydd Tegwyn hefyd yn aml mewn arwerthiannau celf gan eu bod yn ddull effeithiol iawn o godi arian at achosion da.

Am gyfnod go hir ni fyddai tudalennau *Barn* a'r *Cymro* yn gyflawn heb gartŵn amserol a gogleisiol gan Tegwyn. Dysgodd lawer iawn pan oedd yn ei arddegau trwy ymgyfarwyddo â gwaith James Thurber, y cartwnydd a'r hiwmorydd enwog o America. Er i Thurber golli ei olwg yn ei lygad chwith yn sgil damwain gas yn ystod ei blentyndod, daeth yn feistr ar lunio cartwnau deifiol a ffantasïau i blant ac ar ysgrifennu llyfrau anghonfensiynol megis *Is Sex Necessary?* Diddorol gweld bod Tegwyn wedi cyfaddef rhyw dro 'nad oes sill o'i waith cyhoeddedig heb ei ddarllen gennyf hyd y gwn, nac un o'i gartwnau ... nad wyf wedi orohïan uwch ei ben'. Bernir mai Thurber oedd yr hiwmorydd Americanaidd mwyaf ers Mark Twain ac mae croeso i chithau hefyd orohïan uwch y tair enghraifft isod o'i glyfrwch:

Dwi ddim yn gi-garwr. I mi, mae ci-garwr yn golygu ci sy'n caru ci arall.

Mae gwragedd yn ddoethach na dynion am eu bod yn gwybod llai ac yn deall mwy.

Mae un martini yn iawn, dau yn ormod, a thri ddim yn ddigon.

Dylanwad pwysig iawn arall ar Tegwyn y cartwnydd doniol oedd ei athro celf yn Ysgol Ardwyn, Hywel

Harries, un o'r ychydig rai yn y 1960au i weld gwerth yn y cartŵn Cymraeg. Gweler, er enghraifft, dri chant o'i gartwnau yn *Mentra! Gwena! Detholiad o Gartwnau Blodau'r Ffair* (1969). Roedd Hywel yn athro byrlymus o frwd dros ei bwnc ac yn arbennig o dda am feithrin doniau disgyblion galluog fel Tegwyn a'i frawd Elwyn. Credai mai Elwyn oedd y disgybl gorau a gawsai erioed. Ond roedd hi'n stori wahanol yn achos y plant di-glem. 'Wretched boy,' byddai'n dweud, wrth gydio yng nghlust plentyn anobeithiol o wael am dynnu llun. Gyda llaw, mynnai Hywel hefyd, ac yntau'n flaenor gweithgar a chydwybodol, fod hiwmor cartŵn yn agos iawn at galon yr efengyl! Ceid prawf wythnosol o wirionedd hynny yn ei gartwnau jocôs a difalais yn y *Cambrian News*, lle y manteisiai ar ei gyfle i beri i ddarllenwyr chwerthin am eu pennau eu hunain.

Ond cartwnydd y cartwnyddion, yn nhyb Tegwyn, oedd Leslie Gilbert Illingworth (1902-79), brodor o'r Barri, cartwnydd i'r *Western Mail* a'r *Daily Mail* ac i'r cylchgrawn dychanol *Punch*. Fe'i disgrifiwyd gan Malcolm Muggeridge fel 'artist du-a-gwyn digyffelyb'. Ceir y casgliad mwyaf o'i waith (4,563 o ddelweddau) yn Llyfrgell Genedlaethol Cymru, a phan wnaed ffilm o'r trysorau hyn dewiswyd Tegwyn i'w chyflwyno pan agorwyd yr arddangosfa. Rhifai hynny ymhlith rhagorfreintiau ei fywyd. Cymwynas bwysig arall o'i eiddo oedd yr arddangosfa hynod ddifyr o gartwnau yn ymwneud â'r eisteddfod genedlaethol a welwyd ar furiau'r Babell Lên yn Eisteddfod Genedlaethol Aberystwyth ym 1992. Cyhoeddwyd goreuon yr arddangosfa honno, dan olygyddiaeth Tegwyn, yn *Hwyl yr Ŵyl: Canrif a Mwy o Gartwnau'r Eisteddfod* (1992).

Fe ddywedodd Tegwyn rhyw dro fod ynddo duedd i

fod yn 'anhyderus'. Wel, fe ŵyr orau, mae'n siŵr, ond ni welaf ôl diffyg hyder yn ei gartŵn ysgubol sy'n portreadu bois y cyngor yn glafoerio dros ferch siapus. Ni fu chwaith yn rhy swil nac ofnus i weithredu dros ei wlad a'r Gymraeg. Bu'n ysgrifennydd pwyllgor rhanbarth Ceredigion o Blaid Cymru rhwng 1957 a 1975, ac ef oedd golygydd *Colofnau'r Ddraig 1926-1976*, sef toriadau o'r *Ddraig Goch*, papur newydd Plaid Cymru. At hynny, bu'n gefnogwr diysgog i Gymdeithas yr Iaith Gymraeg o'r cychwyn cyntaf. Credai fod darlith ysgytiol Saunders Lewis ym 1962 wedi rhoi sail deallusol a gweithredol dros ymgyrchoedd tor-cyfraith di-drais. Roedd yn un o'r protestwyr croch a ofalodd fod Swyddfa'r Post yn Aberystwyth yn blaster o bosteri yn ystod yr ymgyrch enwog ym mis Chwefror 1963. Trwy fod yn olygydd *Tafod y Ddraig*, misolyn tanbaid y Gymdeithas, rhwng 1968 a 1971, llwyddodd i godi'r gwres gwleidyddol yng Nghymru trwy gyfrwng gair a llun. Nid anghofiodd eiriau un o'i arwyr, James Thurber – 'Mae hiwmor yn beth difrifol iawn' – wrth gefnogi gweithredu uniongyrchol radical. Rydym yn dueddol i anghofio fod llawenydd yn rhan annatod o weithgareddau cynnar Cymdeithas yr Iaith Gymraeg ac, yn hyn o beth, roedd Tegwyn ar flaen y gad. Teg nodi hefyd mai ei frawd Elwyn a fu'n gyfrifol am y poster dylanwadol 'Gwnewch Bopeth yn Gymraeg'.

Tegwyn y cartwnydd fu'n gyfrifol am boblogeiddio bochau cochion Cledwyn Hughes, trwyn Rhufeinig George Thomas a chlustiau anferth y Tywysog Siarl. Mewn cartŵn godidog ganddo yn rhifyn dwbl arbennig o *Tafod y Ddraig* ym mis Awst 1968, dangoswyd George Thomas – gelyn i bob cenedlaetholwr – yn glafoerio wrth draed Carlo a chynffon hir o enwogion ymgreiniol, yn cynnwys Cynan, Thomas Parry ac I. B. Griffith, yn sefyll yn ddiamynedd y tu ôl iddo. 'Brysia, George', medd y tywysog, 'nid ti yw'r unig daeog, cofia.' Tipyn o ben tost eto fu Tegwyn i brif actorion sioe'r arwisgiad yng Nghaernarfon ymhen blwyddyn. Ef, i'm tyb i, biau'r cartŵn gwleidyddol gorau a gafwyd erioed yn y Gymraeg, sef y cartŵn o Gymry amlwg yn penlinio'n wasaidd gerbron Carlo yn ystod y seremoni arwisgo yng Nghastell Caernarfon ym mis Gorffennaf 1969, a geiriau iasol Gerallt Lloyd Owen dan y llun: 'Wylit, wylit, Lywelyn. Wylit waed pe gwelit hyn.' Cyhoeddwyd y cartŵn ar glawr rhifyn arbennig o *Tafod y Ddraig* wedi ei argraffu mewn coch, gwyn a glas. Yn ystod rali swnllyd a drefnwyd gan swyddogion Cymdeithas yr Iaith Gymraeg, pwy welodd Tegwyn yn 'nodio'n hapus' wrth ei gilydd wrth syllu ar ei gartŵn ond D. J. Williams a Waldo Williams. Ac yntau dan deimlad braidd, meddai:

Rwy'n trysori'r cof am yr olygfa honno – na welodd
neb mohoni ond myfi – ac yn diolch am y cyfle a gefais
– drwy'r *Tafod* – i roi cymaint â hynny o foddhad i ddau o
gymwynaswyr mawr Cymru.

Roedd mursendod a ffug barchusrwydd arweinwyr gwleidyddol a diwylliannol Cymru yn dân ar groen Tegwyn, a defnyddiai *Tafod y Ddraig* i galonogi protestwyr ifanc, yn enwedig y rhai mewn carchar. 'Rhagom felly i'r frwydr,' meddai, 'yn eofn, heb gywilydd, ond gyda balchder a sicrwydd yn ein trem.' Ymunodd â bwrdd golygyddol y cylchgrawn *Lol* – drylliwr delwau heriol os bu un erioed – a welsai olau dydd am y tro cyntaf ym 1965 dan olygyddiaeth Robat Gruffudd, sylfaenydd Gwasg y Lolfa, a'i gyfaill Penri Jones.

Cipiwyd dychymyg Cymry ifanc gan bwyslais y rhacsyn difyr hwn ar ddeunydd di-chwaeth ac enllibus. Ond roedd calon piwritaniaid Cymru yn dal i guro. 'Lladdwch *Lol*,' meddai'r Parch W. J. Edwards, brodor o blwyf Trefeurig a gweinidog gyda'r Annibynwyr. Ofnai'r hen do y byddai dangos lluniau o ferched noeth a'r duedd gynyddol i gynnwys straeon enllibus neu gelwyddog yn arwain at ddiwedd y byd. Edrychwch, er enghraifft, ar wynebau'r ddau biwritan rhonc a welir yn un o'r cartwnau mwyaf trawiadol a luniwyd gan Tegwyn. Codwyd stŵr byddarol yn yr Eisteddfod Genedlaethol ym 1967 pan roddwyd llun merch fronnoeth ar glawr *Lol* gyda'r pennawd 'Bu Cynan yma'. Cythruddwyd rhannau helaeth o'r Cymry Cymraeg. Wedi'r cyfan, onid oedd Cynan yn fardd ac yn archdderwydd uchel ei barch? Heb sylweddoli ei fod yn rhoi cyhoeddusrwydd yn rhad ac am ddim i'r cylchgrawn, bu Cynan mor annoeth â bygwth dwyn achos o enllib yn erbyn ei watwarwyr. Wedi godro'r helynt i'r eithaf, cytunodd *Lol* ar setliad cyfreithiol, ond daliai'r ifanc i ddilorni Cynan yn waeth nag erioed.

Gwelodd Tegwyn ei gyfle i apelio at ddarllenwyr ifanc *Lol*, a oedd yn dal i gynnwys lluniau o ferched noeth (rhai ohonynt dan y pennawd 'Ffanni Blodau'r Ffair'), trwy gyhoeddi cartŵn perffaith o Cynan ar dudalen canol *Lol* yn haf 1968. Ac er ei fod yn pryderu am ddyfodol Gwalia lân a llonydd, penderfynodd Cynan mai taw oedd piau hi. Troes Tegwyn, yntau, ei sylw at y teulu brenhinol, gan ymddiheuro'n llaes yn rhifyn 34 o *Tafod y Ddraig* i'r frenhines am beidio â chynnwys 'Llythyr y Cwîn' yn y rhifyn hwnnw ac yn ymbil ar ei 'grasusaf Fawrhydi' i 'lwybreiddio ei negeseuau Grasol a Bendithiol yn fuan eto tua'r Swyddfa hon'. Agoriad llygad i mi oedd clywed bod Tegwyn yn hongian llawer o'i gartwnau a'i luniau mwyaf pryfoclyd ar furiau'r tŷ bach yn ei gartref ym Maes Ceiro, Bow Street. 'Mae pobl yn dod i'n tŷ ni,' meddai, 'ac yn gofyn am gael mynd i'r tŷ bach ac maen nhw'n hir iawn yn dod o 'na!'

Rhag i chi feddwl fod Tegwyn, yr anifail gwleidyddol, wedi chwythu ei blwc yn ei henaint, gwell nodi hefyd ei fod wedi dal ar bob cyfle i brotestio'n groch yn erbyn Dic-Siôn-Dafyddiaeth, Thatcheriaeth a gwrth-Gymreictod. Ym 1993, er enghraifft, derbyniodd wahoddiad oddi wrth Meredydd Evans i ymuno â phump o lewion eraill, sef Marian Delyth, Ann Ffrancon, Peter Lord, Gerallt Lloyd Owen a John Rowlands, pump y mynnodd Merêd gyfeirio atynt fel 'Yr Hapi Wariars'. Nod y saith, gyda chymorth rhai iau o blith Cymdeithas yr Iaith Gymraeg, oedd grymuso'r ymgyrch dros Ddeddf Iaith Newydd trwy dorri i mewn i Lys y Goron, Caerfyrddin, yn ystod y nos, rhacso cadair y Barnwr, a syrthio ar eu bai trwy gysylltu â'r heddlu. Cludwyd y saith protestiwr, a oedd yn cynnwys fy ngwraig Ann, i swyddfa'r heddlu yn Nant-y-caws. Erbyn iddynt gyrraedd, roedd Merêd wedi argyhoeddi'r plismyn mai'r Gymraeg oedd iaith y nefoedd a hefyd wedi rhannu sawl paced o mints *polo* yn eu plith. Treuliodd y wariars noson ddi-gwsg yn y celloedd yn diawlio wrth orfod gwrando ar Merêd yn canu ac yn doethinebu! Diolch i Gymreictod rhadlon y Barnwr Roderick Evans yn Llys y Goron, Abertawe, cawsant ddirwy ysgafn iawn am eu pechodau a thalwyd honno yn ddistaw bach gan Wil a Rhianydd Evans, dau ewyllysiwr hael a chyfeillion agos i Beti a Tegwyn.

Rhwng popeth, gwnaeth Tegwyn ddiwrnod rhagorol o waith yn hwyliog braf dros ei fro, ei sir a'i wlad. Pwy ŵyr na chawn brofi eto o'i ddawn amryddawn, yn enwedig gan ei fod mor hoff o gyfansoddi tribannau, rhigymau a chartwnau 'er difyrrwch munud awr'. Dyma oedd ei ateb pan ofynnwyd iddo rhyw dro feddwl am frawddeg drawiadol i agor nofel neu unrhyw waith llenyddol o'i eiddo:

> 'Wyddost ti be?' meddai Offa wrth ei wraig yn hwyr rhyw noson.
> 'Rwy'n credu y coda i glawdd ... '

HYWEL TEIFI EDWARDS

'PAID Â WHILIA', 'Arglwydd mawr', 'A'n gwaredo', 'Ymlaen mae Canaan'. Dyna rai, a dim ond rhai, o hoff ebychiadau enigma o Gardi o'r enw Hywel Teifi Edwards, ysgolhaig a chyfathrebwr na welwyd mo'i debyg o'r blaen. At ei gilydd, mae ysgolheigion Cymru yn dueddol o fyw yn y cysgodion ac yn dianc rhag unrhyw gamera teledu neu stiwdio radio. Nid un felly oedd Hywel. Iddo ef, roedd hanes ein pobl, eu llên a'u harferion, yn rhywbeth byw a dramatig, ac roedd ynddo ryw ysfa anaele (hoff air ganddo!) i berfformio gerbron torf heb yr un sgript o'i flaen. Rhyferthwy o ddyn ydoedd, gyda llais fel taran a'r gallu i gyfuno hiwmor direidus bachgennaidd â dweud y plaendra'n hallt. Chwedl ei gyfaill Dafydd Rowlands, nid 'un i bilo wye' oedd Hywel, ac fel llenor, hanesydd llên a darlithydd roedd yn syfrdanol o ddifyr.

Brogarwr diedifar oedd Hywel. Roedd yn frodor o Landdewi Aber-arth, pentref bychan glan-môr ger Aberaeron. Fe'i ganwyd, yn un o bedwar plentyn John Daniel ac Olwen Myfanwy Edwards, ar 15 Hydref 1934, ym mwthyn 'Min Awel' ('Cysgod y Gwynt' erbyn heddiw) cyn symud yn fuan i rif 2 Stryd y Dŵr, ac yna i dŷ mwy o faint o'r enw 'Mount Pleasant'. Treuliodd oes gyfan yn canu clodydd ei bentref genedigol. Yn wir, ar adegau âi dros ben llestri'n llwyr trwy ddisgrifio Aber-arth fel 'y pentre mwya'i drysorau yn yr holl fyd'. Bu bron iddo lewygu yn y fan a'r lle pan gyflwynwyd ef rhyw dro fel 'brodor o Landdewibrefi' gan gadeirydd ffwndrus yn y Babell Lên. 'Arglwydd mawr,' bloeddiodd Hywel, 'transfer!' Yn ôl Hywel, câi ei dad y gair o dynnu'n groes. Nid yw hynny'n syndod o gofio iddo dreulio blynyddoedd yng nghwmni morwyr digon cecrus heb sôn am dair blynedd fel carcharor rhyfel yn yr Almaen yn ystod yr Ail Ryfel Byd. Ymfalchïai Hywel yn y ffaith ei fod yn fab i 'sâr môr' a bod nythaid dda o gapteiniaid llongau dewr a fynychai Ysgol Sul Capel Bethel ger ei gartref wedi hwylio droeon rownd yr Horn. Drwy enwi eu llongau yn 'Robust', 'Star', 'Adroit' a 'Turtle Dove', mae'n rhaid fod rhai o'r capteiniaid hyn wedi rhag-weld cymeriad Hywel. 'A'n gwaredo,' meddai Hywel, pan glywodd Eirian Davies yn cyhoeddi dim llai na heresi yn ystod beirniadaeth ym Mhrifwyl 1968: 'I'r mwyafrif ohonom does dim byd cyffrous mewn moli morwr.' Yn wahanol i Moc a Tegwyn, roedd y môr yng ngwaed Hywel a phetai wedi cael hamdden ac ychydig o anogaeth byddai wedi paratoi blodeugerdd Gymraeg gofiadwy o gerddi'r môr.

Pan oedd yn fachgen ifanc treuliai Hywel hafau hirfelyn tesog Ceredigion yn llosgi ei gefn wrth ddal brithyllod yn afon Arth a mecryll a chorgimychiaid yn y bae. Fe'i dysgwyd gan hen lawiau profiadol i adnabod pob pwll a hefyd sut i ddal gwahanol bysgod. Mewn rhaglen radio ym mis Hydref 1978 cyfaddefodd fod ganddo hiraeth mawr am y dyddiau difyr pan wrandawai ar straeon morwyr a chapteiniaid y pentref:

Beth na rown i am gael bod yn grwt eto ar bont Aber-arth
yn gwrando'n ofalus o hyd braich ar yr hen gapteiniaid yn
mynd trwy'u pethe, heb sôn am ddewin y celwydd gole a alle
adrodd o leia hanner cant o wahanol storïau i esbonio sut y
collodd ei ddannedd blaen.

Yn ôl Cynog Dafis, roedd bechgyn hŷn Ysgol Sir
Aberaeron ar ddechrau'r pumdegau yn rhai 'allblyg,
ymladdgar, uchel-gloch, ffraeth-gellweirus' ar, ac oddi ar,
y meysydd chwarae. Rhaid mai Hywel Teifi oedd ganddo'n
bennaf mewn golwg. Hoffai pêl-droediwr gorau Aber-arth
(a doedd 'na fawr ddim cystadleuaeth yn ei erbyn!) dorri
cyt trwy ymarfer y dacl lithr yn null Alf Sherwood, cefnwr
de Caerdydd a Chymru, ar ei faes breuddwydion, sef cae
sgwâr Aberaeron. Yno, ni chymerai ein harwr unrhyw
garcharorion. Ac wedi pob gêm byddai'n claddu sglodion
o'r 'Celtic' cyn mynd i'r Memorial Hall gyda'i ffrindiau i
wylio ffilmiau Charlie Chaplin, Laurel a Hardy, a sêr eraill
Hollywood. I gloi'r noson, âi'r criw swnllyd yn eu blaen i'r
'Feathers' am awr neu fwy o 'ganu cwrw coch' cyn troi am
adref. Mae pob tystiolaeth sydd gennym yn cadarnhau ei
fod yn fachgen poblogaidd tu hwnt yn y pentref a'r ysgol.
Adwaenai Hywel bawb yn y pentref a gellid dibynnu arno
i estyn help llaw. Yng nghanol y pumdegau cafodd swydd
dros yr haf fel tocynnwr ar fysiau Crosville. Ni fu yno'n
hir o gwbl oherwydd darganfu archwiliwr tocynnau ei fod
yn caniatáu i'w gyfeillion yn Aber-arth deithio am ddim!

O gofio hyn oll, pa ryfedd ei fod yn llawn hiraeth am
ei henfro pan gyrhaeddodd Coleg Prifysgol Cymru yn
Aberystwyth ym mis Hydref 1953. Yn ei ysgrif brintiedig
gyntaf yn *Y Ddraig*, broliodd am ei ddawn fel potsiar yn
afon Arth. Honnai fod ganddo reddf a chrefft y potsiar
profiadol a bod hynny'n brawf ei fod yn wrthryfelwr yn
erbyn 'confensiynau a snobyddiaeth'. Doedd dim pall

ar ei ymffrost: 'I'm bryd i, potsiar yn unig a ŵyr sut i ddal pysgodyn. Y gwahaniaeth sylfaenol rhwng potsiar a genweiriwr yw mai artist yw potsiar yn ei hanfod, ac ymyrrwr trwsgl yw pysgotwr.' Ac fel petai hyn ddim yn ddigon, byddai'n dweud wrth bawb a oedd yn fodlon gwrando fod ganddo'r ddawn i ddysgu cerddi ar ei gof mewn byr o dro. Gan ei fod o'r farn fod *testosterone* ynddynt, dysgodd ar ei gof bob cerdd gan Gwenallt yn y gyfrol *Ysgubau'r Awen*. Fe'i clywid yn aml yn datgan y cerddi hyn yn uchel ar draeth Aber-arth yn ystod y gwyliau a daeth pobl i gredu mai gwylanod y fro oedd y rhai mwyaf diwylliedig ym mae Ceredigion.

Yn ôl Moc Rogers, tipyn o 'swot' oedd Hywel yn y coleg. Roedd yn benderfynol o blesio ei hoff athro, ei wncwl Gwenallt, a gweithiai hyd oriau mân y bore er mwyn rhoi sglein ar ei draethodau. Ond doedd gan Gwenallt fawr o amynedd â rhethreg flodeuog ei nai: 'Hy! Mae pobl wedi cael whech mis o garchar am wneud llai na llunio peth fel 'na.' Ceisiodd Hywel wneud iawn am hynny trwy fynychu pob un o ddarlithiau Gwenallt a thrwy chwerthin yn uchel pan fyddai'r bardd bychan yn dweud rhywbeth ffraeth. Un tro, pan oedd Gwenallt yn trafod dull y bardd Islwyn o nefoleiddio serch, oedodd ar ganol brawddeg a gofyn i'r ferch brydferthaf yn y dosbarth: 'Miss Bechingalw, hoffech chi fod yn angyles?' Ac wrth ddisgrifio'r sefyllfa, meddai Hywel: 'Ochneidiai'r bechgyn wrth feddwl am y fath wastraff ar gnawd, er mawr foddhad i'r darlithydd.' Beth bynnag am hynny, cadwodd Hywel ei drwyn ar y maen, gan ennill gradd anrhydedd yn y Gymraeg ym 1956. Ond nid anghofiodd yr ysbrydoliaeth a gawsai gan ei wncwl nac ychwaith ei sylwadau deifiol ar ei ddiffygion ar faes pêl-droed: 'Be ddiawl ych chi'n gneud ar eich tin o hyd bachan? Sefwch ar eich traed, bachan, os ychi am fod o iws.' Dan ddylanwad y cyngor hwn, mae'n siŵr, y daeth Hywel i gredu mai gêm o *ludo* oedd rygbi ond mai gêm o *chess* oedd pêl-droed. A chan fod cynifer o Gymry'n chwarae i Arsenal ar y pryd, ni allai lai na chefnogi'r clwb hwnnw weddill ei oes.

Cymaint oedd awydd Hywel i blesio ei ewythr tanllyd fel y derbyniodd heb brotest ei awgrym cryf y byddai astudio bywyd a gwaith William Williams (Creuddynfab) yn bwnc da ar gyfer gradd uwch. O edrych yn ôl, byddai Ceiriog, Talhaiarn neu Llew Llwyfo wedi bod yn nes at anian Hywel, yn enwedig gan na chyfansoddodd Creuddynfab erioed 'linell na chwpled cofiadwy'. Ond y meistr stesion gweithgar hwn oedd ysgrifennydd cyflogedig cyntaf Cymdeithas yr Eisteddfod Genedlaethol a bu'n gyfrifol am gynnydd y Brifwyl, pwnc y daeth yr ymchwilydd eiddgar o Aber-arth yn awdurdod mawr arno. Beth bynnag am hynny, er mwyn gwthio'r cwch i'r dŵr aeth Gwenallt a Hywel i Fangor i weld faint o ddeunydd ar Creuddynfab a oedd i'w gael yn y llyfrgell yno. Ganol yr wythnos, penderfynodd Gwenallt y dylai'r ddau fynd i faes Ffordd Farrar i wylio gêm bêl-droed ddarbi rhwng Bangor a Chaergybi. Cafwyd dwy sedd yn y brif eisteddle a thorf sylweddol a llafar yn gwmni iddynt. Cofnodwyd yr achlysur yn gofiadwy iawn gan Hywel:

'Pwy ych chi am gefnogi?' Atebais nad oeddwn am gefnogi'r naill dîm na'r llall gan na olygent ddim i mi. Edrychodd arnaf yn sobr. 'O ie, rwy'n meddwl y cefnoga i Fangor 'nte?' Gwawriodd arnaf fy mod yng nghwmni'r lleiaf niwtral o blant dynion. Roedd achos i'w bleidio yn anadl einioes iddo. Ac am awr a hanner bûm yn dyst i wallgofi 'Spion Kop' o gefnogwr. Fe'm syfrdanodd. Arllwysai ohono lifeiriant o anogaeth a chollfarn, edliwiai ei ach i'r reff yn flagardus, tasgai o'i sedd bob yn ail munud i sylwebu ar y chwarae yn gymwys fel petai ei ddyfodol ynghlwm wrth lwyddiant Bangor. O'n hôl cododd protest: 'Sit down, damn you, sit down, you little bugger!'

Cwblhaodd Hywel ei draethawd MA ym 1964 ac, yn ôl ei gyfarwyddwr Gwenallt, hwn oedd 'yr orau a wnaeth neb tan fy nghyfarwyddyd i'. Gobeithio'n wir ei fod wedi cofio dweud hynny wrth Hywel ei hun.

Fel Moc a Tegwyn, bu raid i Hywel ffarwelio â'i henfro er mwyn ennill bywoliaeth. Ym 1959 fe'i penodwyd yn athro'r Gymraeg yn Ysgol Ramadeg y Garw ym Mhontycymer, Morgannwg, lle bu ei lais yn diasbedain trwy'r dosbarthiadau a'r coridorau am chwe blynedd. Fel y canfu ei gyd-athrawon a'r plant, roedd gan y Cymro Cymraeg 'from down West' safbwyntiau pendant a rhagfarnau lu. Codai fraw ar y rhai mwyaf diniwed a'i lysenw addas dros ben oedd 'Bronco'. Doedd dim ofn neb arno a byddai distawrwydd llethol yn y dosbarth, yn ôl Dafydd Rowlands, pan lefarai Hywel 'amser gorberffaith y ferf fel llafar-ruo llewod yn amffitheatrau'r Rhufeiniaid slawer dydd'. Un o'i ddisgyblion mwyaf rhugl yn y Gymraeg oedd y drwg-enwog Howard Marks, brodor o Fynydd Cynffig. Cyfrifid ef yn dipyn o lipryn llwyd yn yr ysgol ond llwyddodd i basio pob pwnc yn ei arholiadau lefel 'O', gan gynnwys y Gymraeg, gyda graddau uchel iawn. Ond ymhen blynyddoedd daeth yn smyglwr cyffuriau – cannabis gan mwyaf – mor enwog a llwyddiannus ledled y byd fel y'i dedfrydwyd i garchar am bum mlynedd ar hugain yn America. Gwerthodd ei hunangofiant *Mr Nice* yn well o lawer na dim un o lyfrau Hywel, ac efallai fod moeswers ar gyfer pob awdur Cymraeg yn y ffaith sobreiddiol honno.

Pwysicach o lawer na hyn yw'r ffaith i Hywel syrthio

mewn cariad ag athrawes ifanc o'r enw Aerona (Rona) Protheroe. Priododd y ddau yng nghapel y Tabernacl, capel Cymraeg Eglwys Bresbyteraidd Cymru ym Mlaengarw ar 26 Gorffennaf 1960 ac ymhen fawr o dro fe'u bendithiwyd â mab, Huw, sy'n ddarlledwr newyddion o fri gyda'r BBC yn Llundain, a'u merch, Meinir, nyrs sydd bellach wedi ymgartrefu gyda'i theulu yn Awstralia.

Ym 1965 penodwyd Hywel yn diwtor mewn llenyddiaeth Gymraeg yn Adran Efrydiau Allanol, Coleg Prifysgol Cymru, Abertawe, gan roi cyfle iddo ddod i adnabod gweithwyr cyffredin, gweinidogion yr efengyl, athrawon, gwragedd priod a phobl ymddeoledig, sef pobl ddarllengar a oedd am ddysgu mwy am eu gorffennol a mwynhau dal pen rheswm â'r Cardi ifanc a oedd newydd ymgartrefu ym mhentref bywiog Llangennech. Un ar drot gyda'r nos gan amlaf fyddai Hywel o hynny ymlaen, gan fwynhau pob munud o'r cyfle i dynnu'r gorau allan o'i ddisgyblion aeddfed yn Abertawe, Cwmllynfell, Dre-fach, Llanelli, Porth Tywyn, Ystalyfera, a sawl lle arall. Rwy'n amau a welodd yr un adran efrydiau allanol ddarlithydd mwy gwefreiddiol yn y Gymraeg na Hywel. Dyma rai o'r cyrsiau a ddysgai:

Hiwmor a Dychan mewn Llenyddiaeth
Dramâu Saunders Lewis a'r Nofel Gymraeg
Barddoniaeth R. Williams Parry a T. H. Parry-Williams
Y Nofel Gymraeg Ddiweddar

Yn reit aml byddai'n cyd-deithio â rhai o'r disgyblion hŷn i lefydd dieithr fel gogledd Cymru er mwyn profi iddynt nad barbariaid a drigai yno. Flynyddoedd wedyn, daliai i gofio am lawer o hen gymeriadau Porth Tywyn, gan ddychmygu sut y byddent yn debygol o adlonni'r saint yn nheyrnas nefoedd:

Wil wrth yr organ, Ifor Gwyn yn canu mawl y 'Border Bach',
Gwynfor yn rhuo dros y 'Berwyn', Dan yn dyrchafu clod
'My brother Sylvest', Dai Culpitt yn adrodd pennill, Ossie
yn sylwebu'n ddrygionus, a Gareth â'i ddwylo colier, yn
clapio'n sidêt am fod clapio'n 'art'. Ac ymhen dim, byddai
'Moliannwn' yn ffrwydro trwy eu gwynfyd, mi fentra i.

Arweinydd yr hwntws diedifar hyn ar eu hynt i'r
'north' oedd Dafydd Lloyd Hughes, gwas sifil peniog o
Borthmadog a chyfaill mawr i Hywel. Wedi marwolaeth
Moc Rogers, cymerodd Dafydd ei le fel partner i Hywel
ar faes yr Eisteddfod Genedlaethol. Yn ôl Hywel, roedd
Dafydd yn ddyn y byddai hen gymeriad o Langennech
wedi ei alw'n 'substantiable'! Beth bynnag am hynny,
roedd Dafydd yn ddigon diwylliedig a hwyliog i
argyhoeddi rhai o'r pererinion o'r de fod modd cael hwyl
yn y gogledd:

> Sôn am fwynhau! [meddai Hywel ar ôl eu gweld wrthi]. I rai
> o'r bois roedd y gogledd yn 'ddierth' a bu ambell 'Star Trek'
> o daith – megis honno ar draws gwlad i weld bedd y bardd
> yn Llanfair Talhaearn. Rwy'n siŵr i fi glywed yr hen Dal yn
> ymbil am gael dod gyda ni wrth i ni adael y fynwent.

Ac yntau'n awdurdod ar seicoleg y Cymry, gwyddai
Hywel yn dda sut i ennill calon ei ddosbarthiadau, sef
trwy gyflwyno gwybodaeth yn hwyliog braf, corddi dadl
trwy gellweirio'n bryfoclyd, a gofalu bod ei ergydion
ffraeth yn ennyn ac yn cadw diddordeb, waeth beth fo'i
bwnc. Bu'n danbaid o blaid 'y genhadaeth', fel y'i galwai,
ac fel y dywedodd ei wraig hirddioddefus Rona wrth
Tegwyn Jones ar y ffôn rhyw noson: 'Mae e' ma's yn achub
y genedl yn rhywle heno, 'to.' Pa ysgolhaig o Gymro o'i
allu a'i boblogrwydd ef fyddai'n fodlon teithio i bob cwr

o'r wlad er mwyn gwefreiddio cynulleidfa – a hynny am gildwrn chwerthinllyd o fach?

Bu'r brentisiaeth hon fel darlithydd allanol yn allweddol i'w ddawn fel cyfathrebwr ac yn sail ardderchog i'w benodiad fel athro cadeiriog y Gymraeg yn Abertawe ym 1989. Derbyniodd lu o gardiau a llythyrau yn dymuno'r gorau iddo, yn eu plith un bachog gan D. Tecwyn Lloyd yn ei gymell i efelychu Saunders Lewis (cyn-aelod o'r Adran) trwy ymwrthod â chwrw a throi at win 'Oporto, Bordeaux, pert ebyr Deau'. Ond hawdd y gallai ffawd fod wedi gweithio yn erbyn y fath ddyrchafiad.

Ym 1970 fe'i lloriwyd gan ganser ceilliol a threuliodd hyd at flwyddyn bryderus yn Ysbyty Singleton, Abertawe, yn brwydro yn erbyn y gelyn creulon hwn. Diolch i ofal y meddygon a staff yr ysbyty, yn ogystal â grym ei ewyllys, daeth trwy'r drin yn orfoleddus. Daliai i ddilyn 'y genhadaeth', gan fynd o fan i fan i 'ddweud celwyddau', mynte fe, gerbron Hywelgarwyr ledled y wlad.

Pan oeddwn yn bennaeth Adran Hanes Cymru yn Aberystwyth, byddwn yn gwahodd darlithwyr da mewn colegau eraill i ddod atom i ysbrydoli'r myfyrwyr. Rhaid i mi gyfaddef hefyd fy mod o bryd i'w gilydd yn rhwydo ambell ddarlithydd anobeithiol o sâl er mwyn i'm praidd werthfawrogi fy narlithiau i gymaint yn fwy. Ond pan draethodd Hywel yn hyfryd o gofiadwy gerbron dosbarth o fyfyrwyr cegrwth (ymhle'r oedd ei sgript?), cefais wybod fy hyd a'm lled y prynhawn hwnnw. O ran gloywder ei fynegiant – doedd dim un 'ym' nac 'a' – a threiddgarwch ei ddadl, roedd hi'n amlwg ei fod yn gyfathrebwr o'i gorun i'w sawdl. Traethodd o'r frest, gan oglais y myfyrwyr trwy fritho'i sgwrs ag ansoddeiriau fel 'lloriol', 'di-glem', 'marwol' ac 'yffachol'. Ni chlywsai ac ni welsai'r rhan fwyaf ohonynt y fath afiaith hwyliog mewn darlithfa o'r blaen. A'i anogaeth nodweddiadol wrth y myfyrwyr oedd: 'Cofiwch y stori. Mae'n bwysig cadw'r stori'n fyw.'

Dyna fu profiad gwrandawyr ledled y wlad. Fel Llew Llwyfo yn ystod oes Victoria, roedd Hywel yn 'byw i berfformio a pherfformio i fyw'. I lawer iawn o eisteddfodwyr, uchelwyl yr Eisteddfod Genedlaethol oedd darlith gan Hywel yn y Babell Lên. Byddai ei gynulleidfa flynyddol yno yn disgwyl difyrrwch am o leiaf awr a hanner ac, yn ddi-ffael, caent wledd o fwynhad. Ni wn am unrhyw ddarlithydd arall a allai ddenu pobl yn eu cannoedd i giwio ym mhob tywydd y tu allan i'r Babell Lên. Pan draddododd Hywel ei ddarlith gampus 'Baich y Bardd' yn Eisteddfod Genedlaethol Caerdydd ym 1978 gwasgwyd dros fil o bobl i mewn i'r babell. Ef, chwedl ei gyfaill mawr Meirion Evans, oedd 'ysgolhaig y bobl', a gwnâi hanes a llên y Cymry yn beth byw a dramatig i bawb. Fel un o'i arwyr, Owen Rhoscomyl, roedd bob amser 'on the charge' wrth geisio gwneud argraff, yn enwedig wrth gondemnio gelynion y Gymraeg a gwatwarwyr y genedl.

Doedd neb tebyg i Hywel am ddal cynulleidfa yng ngheudod ei law. Yn aml iawn, byddai ei gyfarchiad cyntaf ar gychwyn ei ddarlith yn rhag-arwydd o'r gamp a'r rhemp a fyddai'n dilyn. Yn Eisteddfod Genedlaethol y Bala yn 2009 – ei eisteddfod genedlaethol olaf – dechreuodd ei ddarlith ar 'Darwin yn yr Eisteddfod' drwy ddweud 'Annwyl gyd-epaod'! Cafodd gymeradwyaeth fyddarol. Dro arall, ac yntau'n traethu ar ei orau ar y pryd, canodd ffôn yng nghefn llwyfan y Babell Lên. 'Arglwydd mawr,' meddai Hywel fel fflach, 'ydi Gwenlyn Parry yma?' A phetai rhywun blinedig mor annoeth â chau ei lygaid neu, yn waeth fyth, chwyrnu'n braf yn ystod darlith Hywel, câi ei wawdio'n ddidrugaredd. Fel y dywedodd Tegwyn Jones rhyw dro, 'nid rhywbeth i'w chwennych oedd gwg Hywel.'

A chan fod darlithiau Hywel mor farathonaidd o faith, byddai ei ddilynwyr mwyaf profiadol yn sicrhau eu bod yn cael noson dda o gwsg ymlaen llaw a hefyd yn gofalu bod ganddynt fasgedaid o fwyd a diod i'w cynnal yn ystod ei berfformiad. Y gwir yw ei fod yn arwr i lawer iawn o bobl.

Er bod Hywel yn ail i neb fel difyrrwr cynulleidfa fyw, gwyddai hefyd fod arno gyfrifoldeb i gyhoeddi corff sylweddol o lenyddiaeth a fyddai'n gadael ei ôl ar feddwl a chof y genedl. Golygai hynny na fyddai'n mynd i hwyl yn yr un ffordd mewn print. Cymerai ei waith fel sgolor o ddifrif, yn rhannol oherwydd ei fod yn ofni, yn gam neu'n gymwys, nad oedd prifysgolion Cymru yn dysgu myfyrwyr sut i ddygymod â syniadau astrus a heriol. Ymddiddorai'n fawr yn seicoleg y Cymry Cymraeg a'r modd y'u gorfodwyd i deimlo'n israddol ers dyddiau'r Frenhines Victoria.

Y drwg cychwynnol yn y caws, meddai ef, oedd yr adroddiad ar gyflwr addysg yng Nghymru a gyhoeddwyd ar ffurf tair cyfrol drwchus ym 1847. Yn yr adroddiad cïaidd a chywilyddus hwn, a luniwyd gan dri Sais ffroenuchel, darluniwyd pobl Cymru fel pobl uniaith, anfoesol a therfysglyd. O hynny ymlaen, cofiwyd hyd heddiw am yr adroddiad ar lafar gwlad fel 'Brad y Llyfrau Gleision'. I rywun fel Hywel, nad oedd ynddo fymryn o waed y taeog, profiad anfaddeuol o greulon oedd peri i drigolion Cymru ddioddef dirmyg Saeson. Ar sail darllen helaeth, gwelodd fod Sais-addolwyr a Phrydeingarwyr yng Nghymru yn gyfrifol am bortreadu eu cyd-Gymry fel pobl ufudd, moesol a theyrngar. A phetai pawb yng Ngwalia yn dysgu Saesneg, byddai eu cwpan yn llawn.

Mewn chwech o gyfrolau swmpus, ynghyd â lliaws o ddarlithiau, pamffledi, erthyglau ac ysgrifau a gyhoeddwyd gan Hywel, ni chafwyd dadansoddiad gwell o'r croesderau a'r tensiynau a frigodd yng Nghymru wedi'r flwyddyn drobwyntiol 1847. Ynddynt fe welir Hywel y rhyddieithwr ar ei fwyaf cyfareddol a hefyd, ar dro, ar ei ogleisiol orau. Nid pawb sy'n gallu ysgrifennu'n goeth ac yn ddifyr yr un pryd ond, yn achos Hywel, roedd yn dod mor naturiol ag anadlu. Yr unig beth a allai fod wedi ei rwystro oedd ei anallu (neu ei amharodrwydd) i deipio, ond tra oedd ei wraig Rona (a oedd yn athrawes effeithlon tu hwnt yn Ysgol y Strade), ei chwaer Myfanwy a'i ysgrifenyddes ddiflino Gaynor Miles yn fodlon gwneud hynny, roedd popeth o'r gorau. A doedd neb yn hapusach na swyddogion Gwasg Gomer, y wasg a groesawai deipysgrifau Hywel â breichiau agored.

Bwriodd Hywel ei brentisiaeth pan dderbyniodd gomisiwn gan Lys yr Eisteddfod Genedlaethol i ysgrifennu *Yr Eisteddfod* (1976), 84 tudalen cyfareddol a oedd, yn ôl ei gyfaddefiad ei hun, yn 'rhyw fwrw trem-llygad-dryw ar hynt a helynt wyth ganrif o'i hanes'. Ysgrifennodd y rhan fwyaf ohoni â'i dafod yn ei foch. Cyfeiriai at yr Eisteddfod Genedlaethol fel 'mei Lady', ac mor gynnar â 1523, meddai, bu'n rhaid deddfu yn erbyn 'pechodau prydyddol' fel 'meddwi, mercheta a gamblo'. Gan ddangos rhyw ffug syndod, dywedodd fod y Cymry erbyn y 1860au wedi darganfod eu bod yn gallu canu ac 'yn waeth fyth darganfuont fod y Saeson yn fodlon cydnabod eu dawn... Maent yn canu fyth er hynny.' Pwy na fyddai'n gwerthfawrogi ei ddisgrifiad cofiadwy o'r gantores Madame Patey-Whytock – 'cloben o gontralto imperialaidd yr olwg' – yn ceisio cystadlu yn erbyn glaw trwm di-baid yn Eisteddfod Genedlaethol Caerfyrddin ym 1867? Mae'n siŵr fod rhai o aelodau ceidwadol Llys yr Eisteddfod wedi twt-twtian wrth ddarllen sylwadau wrth-fynd-heibio bachog Hywel, ond bu mynd mawr ar y gyfrol.

Er mwyn profi ei deilyngdod fel ysgolhaig difrifol, aeth Hywel ati wedyn i gyhoeddi *Gŵyl Gwalia* (1981), cyfrol sy'n ymestyn i 453 o ddudalennau ac a enillodd gystadleuaeth Llyfr y Flwyddyn Cyngor y Celfyddydau. Mae'n un o glasuron ein llên a'i hunig fai, hyd y gwelaf i, yw fod Hywel naill ai wedi chwythu ei blwc erbyn y diwedd neu, mewn pwl o ddiawledigrwydd, wedi penderfynu peidio â chynnwys mynegai yn y llyfr. Pan fentrais edliw hynny iddo, bu cryn regi a melltithio cyn iddo addo y byddai ei lyfr nesaf yn cynnwys dim byd ond mynegai! Yn *Gŵyl Gwalia*, mae Hywel yn adrodd hanes degawd cyntaf yr Eisteddfod Genedlaethol, sef rhwng 1858 a 1868, degawd 'rhyfeddol o gyfoethog' a roes lwyfan i rai o gymeriadau mwyaf lliwgar y Brifwyl, yn feirdd a chantorion o fri. Un o ogoniannau'r gyfrol yw sylwadau ffraeth a deifiol Hywel wrth gloriannu rhai o ragfarnau'r brodyr ffaeledig hyn:

'Aeth [Talhaiarn] i'w fedd yn ddibensiwn er iddo sicrhau Disraeli mai Tori ydoedd.'

'Ac o'r Saesneg y cyfieithodd Golyddan ei 'Angau', o'i Saesneg ef ei hun ... Fe'i gwisgodd wedyn ym mhais a betgwn y Gymraeg am mai hynny oedd dymuniad yr Eisteddfod.'

'O flwyddyn i flwyddyn cyhoeddid rhagoriaeth y Saesneg. Heb ei chusan ni ddihunai Cymru fyth o'i thrwmgwsg.'

Drwyddi draw yn y gyfrol lachar hon, mae craffter ac ysgafnder Hywel yn mynd law yn llaw yn gwbl naturiol.

Cafodd Hywel bwl cas arall o afiechyd yn yr wythdegau. Y tro hwn gwendid ar y galon a'i lloriodd am sbel hir. Ond claf diamynedd ydoedd ac erbyn 1989 roedd cyfrol flasus

arall – *Codi'r Hen Wlad yn ei Hôl* – ar ei ffordd i'r wasg.
Rhygnu ar yr un tant, meddech chi? Oedd, ar un olwg, gan
fod tair o'r naw ysgrif wedi gweld golau dydd o'r blaen. Ond
roedd pob ysgrif, yn hen a newydd, fel cyfanwaith yn ffres
ac yn heriol. Megis Iolo Morganwg, roedd y gorffennol i
Hywel yn basiant amryliw o greaduriaid disglair a brith,
gwladgar ac anwladgar, teyrngar a bradwrus. Poenai'n
fawr ynghylch naill ai anallu neu gyndynrwydd haneswyr
Cymru i 'wneud ein hanes ar wastad poblogaidd yn beth
byw, dramatig ac adeiladol', ac i gryn raddau gwnaeth
iawn am eu diffygion.

Dangosodd Hywel yn gwbl glir a diflewyn-ar-dafod yn
Codi'r Hen Wlad yn ei Hôl fod y baich seicolegol o fyw yn
y Gymru fytholegol 'lân a llonydd' yn ormod hyd yn oed
i'r mwyaf gwrol. Ffynnai Saisaddoliaeth, Prydeindod ac
imperialaeth yn ystod oes Victoria, a daeth yn obsesiwn
ymhlith y Cymry i brofi nad pobl dwp mohonynt. Yn y
wasg, yr eisteddfod, a phob sioe a phasiant, aberthwyd y
Gymraeg er mwyn bodloni 'onlooking nationalities'. Gan
fod Hywel yn credu bod ein gorffennol, ein presennol a'n
dyfodol yn annatod glwm, ni allai lai na phwysleisio yn
y rhagair na fyddai rhan helaeth o gynnwys y gyfrol yn
ddieithr i Gymry Cymraeg y dwthwn hwn:

Rwy'n llunio'r Rhagair hwn trannoeth gorchest Bryn Terfel
yng nghystadleuaeth 'Canwr y Byd', trannoeth cyhoeddi
Adroddiad Bwrdd yr Iaith Gymraeg a chlywed na all
mam ifanc gael hawl i gofrestru ei phlant yn Gymraeg,
trannoeth datgelu fod un o wleiddyddion Sefydliad Adam
Smith am adleoli poblogaeth Hong Kong yng Ngorllewin
Cymru, trannoeth clywed canlyniadau Cymreig yr Etholiad
Ewropeaidd, trannoeth gwrando ar 'J'accuse' y Parch. R. S.
Thomas ar S4C – ac o fewn ychydig wythnosau i gael cyfle
i fynd i Neuadd Dewi Sant, yn ein prifddinas, i forio canu

'Jerusalem', 'Rule Britannia' a 'Land of Hope and Glory' yn
EIN PROMS NI.

Byddai Hywel wedi hoffi'n fawr gael cyfle i deithio
unwaith eto i America. Hawdd ei ddychmygu ef a'i gyfaill
Moc Rogers yn dangos i actorion fel Jack Lemmon a
Walter Matthau fod gan Gymru fach ei 'odd couple'
hefyd. Ond roedd Rona a'i feddygon yn benderfynol na
châi fynd yn agos at unrhyw Ianc dros y dŵr. Yn iawn
am hynny, saernïodd gyfrol i ddathlu canmlwyddiant
'Eisteddfod Ffair y Byd' a gynhaliwyd ar 5-8 Medi 1893 yn
y Ddinas Wen, sef Chicago, ail ddinas fwyaf America. Mae
Eisteddfod Ffair y Byd (1993) yn adrodd stori ryfeddol o
gyffrous, ond mae'n llawn pathos hefyd oherwydd ei bod
yn dangos sut y ceisiodd Cymry eisteddfodol ymgreiniol
ddangos bod rhyw werth yn perthyn i'r diwylliant Cymraeg.
Mewn geiriau eraill, roedd yn ymgais i brofi fod Cymru yn
genedl o bwys a bod ei phobl yn werth eu hadnabod. Mae
cyfrol Hywel yn dweud y cyfan am gyflwr y diwylliant
Cymraeg ac am ddelwedd frau y Cymry. Fel y byddai dyn
yn disgwyl, canfu Hywel 'dryblith o gymhlethdodau a
pharadocsau' yn ystod y sioe wrth i'w gydwladwyr boeni
am eu statws a'u henw da cyhoeddus. Ond wrth draethu
amdanynt, byrlymai ei hiwmor hefyd. Roedd y 'Welsh
Ladies Choir', meddai'n ddeifiol, wedi mynd i Chicago 'i
ganu a bod yn bert dros Gymru'. Sylwodd fod gan y ddinas
ddegau o buteindai 'bwystfilaidd' a 'lladronllyd' ac mai'r
gorau yn eu plith oedd eiddo gwraig ddu o'r enw Carrie
Watson yn 441 South Clark Street. Gan ddewis ei eiriau'n
ofalus, meddai Hywel: '"Bordello" teilwng o Brifwyl'!
Er i Hywel, fel y gwelsom, gael ei eni yng nghefn
gwlad Ceredigion a'i fod yn ei ddisgrifio ei hun droeon
fel 'dyn pentref', roedd yn ymwybodol iawn o'i wreiddiau

glofaol a bod ei fam yn hanu o'r 'sowth'. O fewn blwyddyn i ymddangosiad *Eisteddfod Ffair y Byd*, roedd Hywel wedi cyhoeddi ei fersiwn ef o ddelwedd y glöwr. Gellid dadlau mai *Arwr Glew Erwau'r Glo: Delwedd y Glöwr yn Llenyddiaeth y Gymraeg 1850-1950* (1994) yw ei gyfrol orau. Mae'n ateb cadarn a doniol i Dai Smiths y byd hwn i'r graddau ei fod yn profi bod pyllau glo de Cymru yn noddfa gyfoethog i'r diwylliant Cymraeg. A phwy na fyddai'n chwerthin yn uchel wrth ddarllen disgrifiad Hywel o ymweliad ei fodryb Bopa Anna a'i gŵr William, a'i ewythr, Wncwl Matthew, i Aber-arth:

> Clywais droeon am y tro hwnnw pan agorodd ddrws canol 2 Water Street fel corwynt adeg 'siesta' Bopa Anna a William dan balmwydd clyd y *Welsh Gazette* a bloeddio, 'Who bloody killed Cock Robin?!' 'Kilt who, Matthew Jones, kilt who?' sgrechai Bopa tra ymladdai William dan y *Welsh Gazette* fel petai cawod o 'Pathans' wedi disgyn arno ym Mwlch y Khyber. 'Matthew Jones, nevar you kil nobody in mei house agen', meddai Bopa, gan estyn cic yr un pryd at William druan a gorchymyn, 'Cwyd o fanna'r lwff!'

Dengys penawdau'r gyfrol hon fod gwledd o ddiddanwch a threiddgarwch yn disgwyl y darllenydd: 'Gwyrthiol Hil y Graith Las', 'Golud Gwlad y Gwaelodion', 'Nid bachan budr yw Dai' a 'Chwedl i'w chadw'n fyw'. Nid 'inferior company' mo glowyr Cymru, a dyfynnai Hywel yn helaeth er mwyn profi bod gweithwyr tan y ddaear yn magu hyder a synnwyr digrifwch anghyffredin wrth ddod yn fwy llafar. O safbwynt egluro natur y diwylliant diwydiannol yn ne Cymru, mae llais Hywel cyn bwysiced bob blewyn â llais Gwyn A. Williams. Dyma'r lle, hefyd, i'ch atgoffa mai Hywel oedd golygydd 'Cyfres y Cymoedd', deg cyfrol lachar a ddaeth yn flynyddol o stabal Gwasg

Gomer rhwng 1993 a 2003, gan brofi fod y Gymraeg, fel iaith lafar a llenyddol ddoe a heddiw, yn iaith o bwys yng nghymoedd diwydiannol de Cymru.

Doedd gan Hywel ddim diddordeb o gwbl yn adeiledd a strwythur llenyddiaeth. Anathema ganddo oedd theori a'r bydolwg ôl-fodernaidd ac fe ddywedai bethau carlamus am bleidwyr y dull hwn o drafod y gorffennol. Hanes pobl o gig a gwaed oedd bwysicaf, yn ei olwg ef, ac roedd ganddo restr faith o bynciau blasus i'w hastudio. Er enghraifft, petai wedi cael amser i wneud hynny, byddai wedi astudio i ba raddau y bu Gorsedd y Beirdd yn driw i weledigaeth ac athrylith Iolo Morganwg. Ac yntau'n berfformiwr ei hun, dotiai ar fyd y ddrama. Fel y dengys ei lyfrau *Wythnos yn Hanes y Ddrama yng Nghymru* (1984) a *Codi'r Llen* (1998), pwnc agos at ei galon oedd ymdrechion cwmnïau drama ledled Cymru i ddiddanu cynulleidfaoedd yn ystod gwyliau eisteddfodol mawr ac mewn neuaddau pentref bach.

Hyd y gallaf farnu, dyma oedd ei ddull o weithio wrth gynllunio ysgrifennu cyfrol: byddai'n dechrau trwy ymchwilio'n ddyfal a chasglu gwybodaeth allan o bapurau newydd a llenyddiaeth y cyfnod dan sylw; yna, ar sail yr ymchwil ceisiai ganfod delweddau a oedd yn ddrych i deithi meddwl y cyfnod; wedyn, byddai'n dewis dyfyniadau helaeth er mwyn i'r gorffennol allu llefaru drosto'i hun; ac i gloi, byddai'n britho'r cyfan â sylwadau treiddgar a ffraeth. Gwelir y strwythur hwn yn arbennig yn *O'r Pentre Gwyn i Gwmderi* (2004), cyfrol sy'n clymu'r gorffennol a'r presennol yn ddeheuig iawn. Ynddi daw lleisiau brathog newydd – Caradoc Evans, Caradog Prichard a Dylan Thomas – i danseilio'r darlun traddodiadol am wynder y gorffennol, gogoniant cefn gwlad a phurdeb moesol y Cymry Cymraeg. Mae pennod Hywel ar 'Manteg' Caradoc

Evans yn berl o ran dadansoddiad a dawn dweud. Yng ngwres y drafodaeth fywiog ar elynion y 'pentref gwyn', mae'n britho'r cyfan â sylwadau treiddgar a difyr. Beth am orohïan, fel y byddai Tegwyn Jones yn dweud, uwchben rhai ohonynt:

> 'Nid ar grafu tinau'n gilydd y bydd byw llenyddiaeth Gymraeg.'
>
> 'Y mae *Un Nos Ola Leuad* yn enghraifft nodedig yn y Gymraeg o wirionedd y gosodiad mai llenyddiaeth yw un o ganlyniadau dyrchafol pechod.'
>
> 'Yn nheyrnas symudoledd, pwy bellach sydd frodor?'

Cawn oleuni pellach ar hiwmor Hywel trwy ddarllen y lliaws erthyglau ac adolygiadau a ysgrifennodd, yn aml yng ngwres y foment, ar gyfer cylchgronau fel *Barn*, *Golwg*, *Llais Llyfrau* a *Cambria*. Yn y cyd-destun hwn roedd yn fwy tebygol o roi pin yn swigen rhai o fawrion y genedl, byw neu farw. Er enghraifft, bu'n ddigon rhyfygus i wfftio at Saunders Lewis am honni mai'r bymthegfed ganrif oedd 'y ganrif fawr' yn hanes llên Cymru. Roedd amddiffyn hawl y bedwaredd ganrif ar bymtheg – y wir ganrif fawr, yn ei dyb ef – i ymddangos ar feysydd llafur a phrosiectau ymchwil ein prifysgolion yn golofn dân iddo. Pan wahoddais Hywel i roi darlith mewn cynhadledd ryngwladol, dan nawdd Canolfan Uwchefrydiau Cymreig a Cheltaidd Prifysgol Cymru, fel rhan o ddathliadau'r milflwyddiant yn 2000, roeddwn yn rhyw amau y byddai'n achosi stŵr. Ac felly y bu. 'Llef dros y Ganrif Fwyaf' oedd teitl ei ddarlith ac fe'i traddododd yn dalog o ffraeth. Ceryddodd adrannau Cymraeg Prifysgol Cymru am ymguddio mewn bynceri canoloesol, gan anwybyddu'n llwyr ganrif ryfeddol pan oedd y boblogaeth bum gwaith yn fwy nag yr oedd tair canrif ynghynt, a'r wasg Gymraeg yn argraffu pob math o gyhoeddiadau difyr ar gyfer miloedd o werinwyr darllengar. Fe allech glywed pin yn disgyn pan ddywedodd Hywel, ar ei fwyaf coeglyd, hyn wrth dros gant o ysgolheigion gorau'r byd Celtaidd:

Drachtio hen win a weddai i'r academydd go iawn, ymborthi ar seigiau canoloesol a chan godi o'r wledd yn wybodfawr – ac weithiau'n drwm dan amherthnasedd syber.

Ymfflamychai Hywel wrth ddarllen ac adolygu llyfrau a roddai olwg wyrgam ar oes Victoria. Aeth i faes y gad yn rhifyn Ionawr 1989 o'r cylchgrawn *Barn* wrth adolygu *Blodeugerdd Barddas o'r Bedwaredd Ganrif ar Bymtheg* gan yr Athro Bobi Jones, pennaeth y Gymraeg yn Aberystwyth, awdur toreithiog, uchel-Galfin efengylaidd ac arch-elyn i bopeth 'poblogaidd'. Yn ddistaw bach, credai Hywel ei fod wedi anghofio mwy nag a wyddai Bobi am lenyddiaeth oes Victoria ac fe'i dwrdiodd yn hallt am ymgaledu yn erbyn cerddi poblogaidd yr oes ac am daflu gwaith beirdd gwerinol fel Talhaiarn a Ceiriog i'r bin sbwriel a dyrchafu 'Songs for Swinging Calvins' yn eu lle. Yn ei ragymadrodd i'r gyfrol gwahoddwyd darllenwyr gan Bobi Jones i wledd, ond ymgroesi rhag mynd yn agos at y fath loddest druenus a wnaeth Hywel:

Beth a ddarparodd ar ein cyfer? Rhywbeth tebyg i hyn:
Aperitif: sudd moron dadl ddirwestol
Hors-d'ouvre: dwsin neu ddau o 'mini Croustades' yn llawn o friwgig yr angau a'r bedd
Prif gwrs: dysglaid ddiwaelod o geirch Calfinaidd
Pwdin: llond dwrn o gerddi bugeiliol (aneisteddfodol ac anhanesyddol)
Petits four: englynion digri Gwydderig
Priciau-pigo-dannedd: dyrnaid o gerddi Gwydderig

'Min Awel' oedd enw'r tŷ hwn pan anwyd Hywel yma ar 15 Hydref 1934.
Ann Ffrancon

Dyn pentref oedd Hywel a chredai mai Llanddewi Aber-arth oedd 'y pentre mwya'i drysorau yn yr holl fyd'.
Ann Ffrancon

Rhieni Hywel: Olwen Myfanwy a John Daniel Edwards.
Aerona a Huw Edwards

Tîm pêl-droed Coleg Prifysgol Cymru, Aberystwyth, 1953-4. Gwelir Hywel yn y rhes gefn, yr ail o'r chwith. Yn ôl Dafydd Rowlands, 'doedd y *stopper* o Landdewi Aber-arth ddim yn un i 'bilo wyau' ar faes pêl-droed.

Aerona a Huw Edwards

Diwrnod graddio gyda'i rieni. 'Enjoy it!', medd yr arwydd ar risiau Neuadd y Brenin (o barchus goffadwriaeth), Aberystwyth, 1956.

Aerona a Huw Edwards

Y teulu bach: Aerona (Rona), Meinir, Huw a Hywel.

Aerona a Huw Edwards

'Ysgolhaig y Bobl' yn ei elfen yng nghanol ei lyfrau yn ei ystafell ym Mhrifysgol Cymru, Abertawe.

Warren Orchard

Cartŵn o Hywel a wnaed gan Tegwyn Jones ar gyfer rhaglen deyrnged a gynhaliwyd yn y Babell Lên yn Eisteddfod Genedlaethol Aberystwyth, 1992.

Teulu Tegwyn Jones

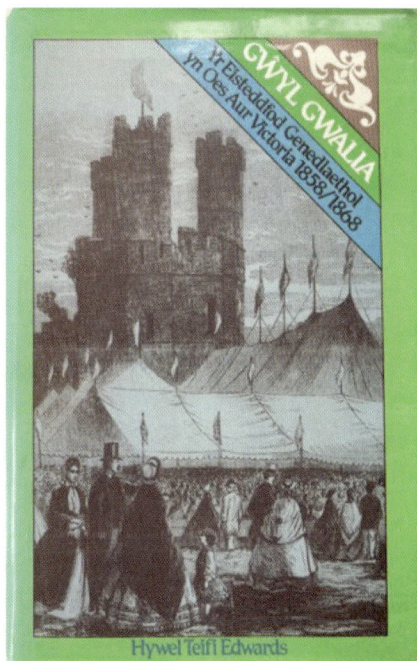

Magnum opus Hywel: *Gŵyl Gwalia* (1981).

Y Lolfa

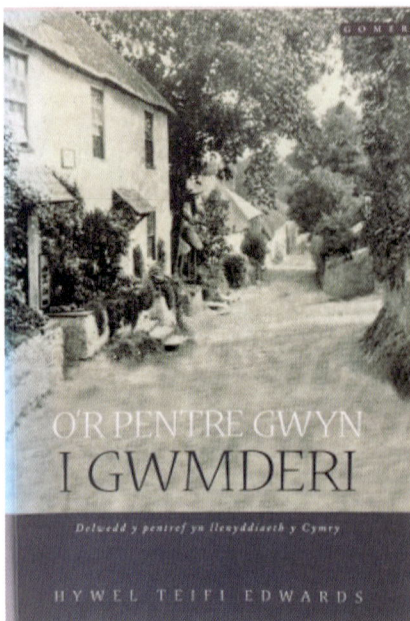

Meddai Hywel: 'y mae'r "pentre gwyn", fel lle yn y meddwl, wedi gwreiddio'n ddwfn yng nghalon llawer iawn ohonom'.
Y Lolfa

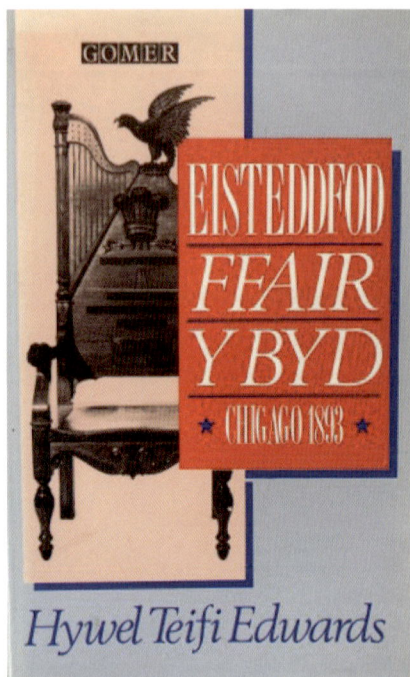

Roedd 'Eisteddfod Ffair y Byd' a gynhaliwyd yn Chicago ym 1893 yn gyfle euraid i Hywel ddatgelu a gwawdio diffygion a chymhlethdodau'r Cymry.
Y Lolfa

Yn ôl Meirion Evans, byddai Hywel wedi bod 'wrth ei fodd petai wedi cael cwmni Llew Llwyfo, Talhaearn, Ceiriog a'u tebyg ar y ddaear hon'
Y Lolfa

Dau gyfathrebwr ffraeth yn cyd-swpera: Hywel a T. Glynne Davies.

9 Tachwedd, mil naw naw pedwar

Annwyl Athro

Derbyniais eich epistol erthylaidd drwy garedigrwydd Swyddfa'r Post. Rhaid i mi ddweud fy mod yn symu a rhyfeddu at eich ymddygiad gwarthus ac ni allaf faddau i chi am flagardio myfi a'm staff mor gignoeth. Sut y gall Athro Prifysgol sy'n honni bod yn Gardi o waed coch cyfan adderfnyddio tudalennau santaidd ac anuchel Cof Cenedl i bedlera Cymraeg bratiog a gwallus? Trueni o'r mwyaf i chi hefyd, yswaelk, logi un o feirdd bol clawdd mwyaf anferthus Gwynedd i gymal eich breichiau crafangus a'ch rhagfarnau guyrdroebig. Cyflwynaf i chi, felly, dribannau celfydd i'w rhyfeddu wedi eu saernio gan fardd o'r iawn ryw, sef Tegwyn y burgler. Amgaeaf hefyd gopïau o Welsh Orthography (1893) i chi a'r Crogwr.

Os bydd angen cymorth arnoch (ac mae'n bur debyg y bydd) i lunio rhagor o ysgrifau carbwl, byddaf yn falch o gynnig fy ngwasanaeth proffesiynol. Tan hynny, frawd diofal, byddwch wych.

yn ddiedifar a hexiol

YR Athro

Pan oeddwn yn olygydd *Cof Cenedl*, cawn dipyn o sbort yn edliw i Hywel ei gamgymeriadau ffeithiol a hefyd ambell wall gramadegol. Gwylltiai'n enbyd bob tro.

'A ddaw dydd y bydd mawr y rhai bychain?',
gofynnai'r *Faner*.

Papurau Hywel Teifi Edwards, Llyfrgell Genedlaethol Cymru

'Same Ole Stuff': cerdyn
post a anfonais o Florida at
Hywel yn tynnu ei goes am
draethu yn y Babell Lên am
hyd at ddwy awr!

Papurau Hywel Teifi Edwards,
Llyfrgell Genedlaethol Cymru

Hywel a Grav: dau
gyfathrebwr penigamp
ar radio a theledu.

Aerona a Huw Edwards

Mario Lanza Cymru? Gallai Hywel ganu 'Y Dymestl', 'Y Marchog', 'Brad Dynrafon', 'Arafa Don', 'Gwraig y Morwr' a llu o unawdau eraill.
Aerona a Huw Edwards

Hywel yn traethu'n ddiflewyn-ar-dafod yn ystod rali Cymdeithas yr Iaith Gymraeg, 2009.
Marian Delyth

Roedd gan Hywel galon fawr. Dyma fe'n rhoi mwythau i'm hoff gath, William Morgan (g. 1988).
Ann Ffrancon

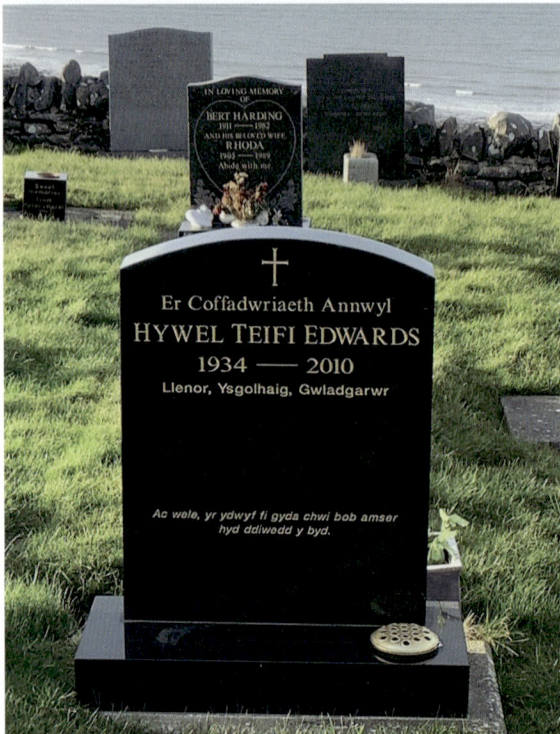

Diwedd y daith: claddwyd y llenor, yr ysgolhaig a'r gwladgarwr ym mynwent Eglwys Llanddewi Aberarth. Dywedodd Meirion Evans ar y pryd fod 'derwen go fawr wedi syrthio'.
Ann Ffrancon

Doedd Bobi Jones ddim wedi arfer â wynebu clatshiwr moelddwrn yn y fath dalwrn o'r blaen, a digon llipa fu ei ymateb cychwynnol. Ond wrth i'r frwydr ymboethi, fe aeth hi'n godi dyrnau go iawn. Saethodd nifer tanysgrifwyr *Barn* drwy'r to wrth i Hywel gyhuddo'r 'propagandydd o Uchel-Galfin' o 'eithafieithu orgasmig' ac o ymddwyn fel yr actor Charles Bronson trwy 'fwrw dyn dan ei ên a'i gicio yn ei gerrig yr un pryd'. Aeth y gêm ping-pong hon yn ei blaen am flwyddyn gron cyn i'r ddau ymladdwr gilio o'r maes. Credai Hywel hyd ddiwedd ei oes iddo ennill y 'padl' ar bwyntiau o gryn bellter, yn enwedig ar ôl iddo weld y darn canlynol yn *Lol*:

Hysbyseb dros Bwrn (sic *Barn*)
Barddoniaeth yr XIX Ganrif gan Yr Athro Babi (Mawr) Jones.
Rhan XIX: Hywel Teifi fel (a) Basdard a (b) Brych.

Yn rhyfedd iawn, ni allai Hywel ei hun ddioddef neb, yn enwedig merched, yn meiddio adolygu ei lyfrau yn anffafriol. Er enghraifft, fe'i cyhuddwyd gan Gwen Awbery o fod yn 'judgemental' wrth felltithio blaengarwyr oes Victoria. 'For the Victorians', meddai'n reit haerllug, 'the survival of the Welsh language was not the core consideration.' Ffrwydrodd Hywel mewn dicter cyfiawn:

A'n gwaredo! Onid Fictorianiaid oedd Ieuan Gwynedd, Michael D. Jones, R. J. Derfel, Emrys ap Iwan, Dr Pan Jones, W. Llewelyn Williams ac O. M. Edwards? Onid oedd y Gymraeg yn 'core consideration' iddynt hwy? Oni welsant yn eglur ddigon yn eu dydd a'u hoes ynfydrwydd Brad y Llyfrau Gleision, yr Inglis Côs, yr Esgobion Saesneg, y Barnwyr Saesneg, yr Eisteddfod Genedlaethol Saesneg, y 'Welsh Not' a'r Dic-Siôn-Dafyddiaeth a wnaeth asynnod o gynifer o'r Cymry.

Nid un i ildio'n raslon mewn dadl oedd Hywel nac i anwybyddu mannau gwan adolygwyr dibrofiad. Bu ffrwst tebyg hefyd yn Llangennech pan gyhuddwyd Hywel gan Cathryn Charnell-White o droi'r dasg o gomisiynu a golygu *A Guide to Welsh Literature 1800-1900* (1992) yn 'a masculine, macho reading'. Os do fe! Yn fwg ac yn dân i gyd, dramateiddiodd Hywel ei gyfyng-gyngor yn glyfar iawn:

> Wyddwn ni ddim beth oeddwn i'w wneud. Ai ffrwydro'n 'Full Monty' o lawenydd i ddathlu fy 'machismo' ar drothwy oed yr addewid, ai mynd i'r cwtsh-dan-stâr o sŵn y farn fenywaidd. Mewn penbleth mi es am beint.

Beth bynnag am 'y farn fenywaidd', daliai Hywel i golbio caseion y Gymraeg wrth ddinoethi clwyfau seicolegol y Cymry. Dôi ei gyd-Gardi, Syr John Rhŷs, yn gyson dan ei lach. Cardi uniaith Gymraeg oedd Rhŷs ar un adeg cyn codi yn y byd Rhydychenaidd a'i lordio hi mewn cylchoedd ymerodrol. Daeth i gredu nad trychineb fyddai colli'r Gymraeg: 'gadawer iddi ymadael mewn heddwch' oedd ei siars nawddoglyd ef i'w gyd-wladwyr. Targed arall gan Hywel oedd yr 'hanner Cymry' a oedd yn mwynhau gwisgo lan a derbyn mwclis ymerodraeth a oedd yn 'drewi gan waed'. Gwylltiai'n lân wrth ddarllen hanes 'puryddion yr iaith' fel Syr John Morris-Jones, gelyn anghymodlon i'w arwr Iolo Morganwg a bradwr i Orsedd y Beirdd. Ond gallai hefyd droi ar Saeson ffroenuchel ein hoes, gwatwarwyr y genedl fel A. N. Wilson, A. A. Gill a Jeremy Clarkson a ddisgrifiwyd ganddo fel 'a splatter of diarrhoeal gadflies'. Prin fod angen i mi nodi ei ymateb sgornllyd i farn yr erchyll Anne Robinson am y Cymry: 'What are they for?'

Man a man cyfaddef mai un o wendidau pennaf

Hywel oedd ei amharodrwydd i weld neb yn cywiro neu'n golygu ei waith. Yn wir, ymhyfrydai yn ei 'wallau' a'i 'feiau' achlysurol, a phechod marwol oedd tynnu sylw at unrhyw 'nam' neu 'amherffeithrwydd' yn ei waith. 'Fi piau pob diffyg a bai', meddai mewn un rhagymadrodd herfeiddiol, 'nid wyf yn ystyried anwybyddu ambell reol yn fai.' Sylwais hefyd yn ddiweddar fod John Grisham, y nofelydd Americanaidd, yn rhygnu'n aml ar yr un tant ('Some overly observant readers may consider writing me letters to point out my shortcomings. They should conserve paper.') O ganlyniad, fe gawn fy mlagardio'n ddidrugaredd gan Hywel pan fyddwn yn cywiro ffeithiau neu'n ystwytho brawddegau o'i waith wrth olygu pennod ar gyfer cyfres *Hanes Cymdeithasol yr Iaith Gymraeg* neu, yn amlach, ysgrif ar gyfer *Cof Cenedl*, cyn ychwanegu cyfarwyddyd pellach: 'Paid â cholli'r deunydd hwn. Dysga ffeilio pethau'n gall!!'. Byddai ei hoff ansoddeiriau dreng – 'di-glem', 'anaele', 'yffachol' – yn hedfan ataf o Langennech, gan aflonyddu ar wylanod Aber-arth ar eu ffordd heibio. Ar un achlysur nodedig, talodd Hywel gannoedd o bunnau i fardd ifanc talcen slip o'r enw Peredur Lynch am gyfansoddi cerdd hirfaith yn fy nghystwyo'n ddidrugaredd am ffidlan â'i waith. Gwaetha'r modd, yn enwedig o safbwynt Cardi, dim ond un englyn a ddaeth o law Mr Lynch:

Englyn i Olygydd Hynafol
Afluniaidd dy broflenwaith; O! i beth
Y bu y fath artaith?
A pha raid it stiffio'r iaith
A'i sarnu â'th sisyrnwaith?

Peredur y Crogwr a'i cant

Rhaid bod Hywel wedi anghofio bod haid o feirdd

galluog iawn yn astudio yn y Ganolfan Geltaidd ac yn awyddus iawn i gynnal breichiau'r 'golygydd hynafol', yn eu plith ei hen gyfaill Tegwyn Jones, tribannwr o fri ac un a oedd bob amser yn fodlon dangos bod geiriadurwr yn fardd i'w ofni. Yn unol ag arfer hael y Cardi, lluniodd bedwar pennill am ddim er mwyn cael cyfle i dynnu blewyn ysgafn o drwyn Hywel:

> Meddyliais wrthyf f'hunan
> Wrth weld llithriadau bychan,
> Twt! – oni fyddai Homer fawr
> Ar ambell awr yn hepian?
>
> Ond Ow! Y fath anfadwaith,
> Ac Och! Y fath dandinwaith
> Oedd cael rhyw bwt o brydydd hy
> I farnu fy sisyrnwaith.
>
> Wel 'nawr y gwir rof iti,
> Dy lith – roedd gwallau ynddi!
> Diawch! Yn ei fedd mi gredaf bron
> Fod 'rhen Syr John yn troelli.
>
> Os rhegi wnei yn ffrwydrol
> Uwch hyn o eiriau haeddol,
> Boed i ti gymorth oddi fry
> I regi'n ramadegol.
>
> Tegwyn y Bwrgler a'i cant

Cawsom lawer o sbort am flynyddoedd ar gorn hyn, er nad anghofiodd Hywel byth fod cyfaill a chyd-Gardi wedi meiddio cywiro'i waith. Ond, chwarae teg iddo, roedd e'n gallu chwerthin am ei ben ei hun weithiau. Fe'm cyhuddodd lawer gwaith o 'bracsan yn garbonllyd' trwy deithio i America i draethu ar hanes Cymru. Felly, bachais gyfle euraid i dalu'r pwyth. Pan oeddwn yn Florida, prynais gerdyn post a roddai gyfle i mi edliw ei arfer o rygnu ymlaen am hanes yr eisteddfod ym mhob darlith bron o'i eiddo, sef darlun o un tsimpansî yn dweud 'Same ole stuff' wrth ei gymar. Yn ôl a glywais, roedd Hywel wrth ei fodd a hyd yn oed yn fodlon dangos y llun yn gyhoeddus. Dro arall, yn ystod gwahanol weithgareddau dathlu daucanmlwyddiant sefydlu tref Aberaeron, fe'i gwahoddwyd i gymryd rhan ym marathon ddarllen y Beibl Cymraeg o glawr i glawr. Cydsyniodd Hywel a difaru'n syth pan sylweddolodd fod disgwyl iddo ddarllen adnodau allan o Lyfr y Cronicl, llyfr a oedd yn cynnwys cylymau tafod fel rhain:

A meibion Caleb mab Jeffunne; Iru, Ela, a Naam; a meibion Ela oedd, Cenas.
A meibion Jehaleel; Siff, a Siffa, Tiria, ac Asareel.
A meibion Esra oedd, Jether, a Mered, ac Effer, a Jalon: a hi a ddug Miriam, a Sammai, ac Isba tad Estemoa.

Roedd Hywel yn chwys domen erbyn iddo orffen ac nid aeth yn agos at feibl am fisoedd wedyn.

Ac yntau'n frogarwr ac yn wladgarwr mor bybyr, teimlai Hywel ddyletswydd i wasanaethu ei gynefin a'i wlad. Yng ngeiriau Idris Reynolds: 'Rhoi heb gyfri drosti dro /A dal o hyd i'w diawlio.' Bu'n llywodraethwr Ysgol Gynradd Llangennech, yn gynghorydd cymuned, yn faer y dref, ac yn ddiacon yng nghapel Bryn Seion. Ef oedd prif gynheiliad Cymdeithas y Llan a'r Bryn, cymdeithas lenyddol a ddôi ynghyd yn y capel yn ystod y gaeaf. Pan wahoddwyd Ray Gravell i'w hannerch, addawodd siarad am chwarae rygbi dros Gymru. Ond traethodd y chwaraewr annwyl ar bopeth dan haul ond rygbi am awr a hanner cyn cyrraedd ei gêm gyntaf dros ei wlad! A phan euthum i ddarlithio yno, cefais fy nghyflwyno gan y cadeirydd fel 'Yr Athro Geraint Gruffydd'. Chwerthodd Hywel nes fod ei wyneb yn goch! Ond bu raid iddo eistedd yn dawel adeg rhaglen deyrnged iddo yn Eisteddfod Genedlaethol Aberystwyth ym 1992 a chafodd sioc ei fywyd ar y diwedd pan orymdeithiodd côr o fois Llangennech i'r llwyfan i ganu 'Cân o Fawl i Hywel Teifi' gan Meirion Evans. Fel hyn y clowyd eu perfformiad:

Henffych i Edwards mewn mudandod syn
Yn gwrando'n celwydde ni fel hyn.
Gwyddom mor anodd iddo fu cau'i geg
Heb leisio'r un brotest nac yngan rheg.
Henffych Hywel, cenwch dros y lle,
Bloeddied ei hen ffrindie i gyd Hwrê!

Pan etholwyd ef ym 1977 yn gynrychiolydd Plaid Cymru dros Llangennech ar Gyngor Sir Dyfed, ni fu neb taerach o blaid y Gymraeg na Hywel. Roedd ef a Marie James, Llangeitho, yn ddraenen bigog yng nghnawd gelynion y Gymraeg. Roedd y rhain yn bur niferus a byddent yn brefu'n aflafar pan fyddai'r Pleidwyr yn siarad Cymraeg ar lawr y siambr. Y mwyaf llafar yn eu plith oedd Howard Cooke, aelod Llafur dros Rydaman a chreadur tra ymfflamychol. Ond trwy ei faldodi a thynnu ei goes, gwyddai Hywel sut i'w drin. Ac, os rhywbeth, roedd Marie – dynes a hanner ei hun – yn fwy enillgar fyth. 'Mr Cooke', meddai yn y Cyngor un tro, 'petaech yn dod i Langeitho am benwythnos, byddwn yn newid eich meddwl yn llwyr.' 'Mrs Marie James', atebodd Cooke, 'I wouldn't risk a week-end with you in Ammanford leave alone Llangeitho.' A dyma'r siambr, yn ôl Hywel, yn 'chwalfa o wherthin, a wherthin Marie yn uwch na phawb'.

Llwyddodd ei gyfeillion i'w berswadio i roi cynnig ar

gyrraedd San Steffan. Ar ddau achlysur – ym 1983 a 1987 – safodd fel ymgeisydd seneddol dros Blaid Cymru, gan gynnig 'llais cryf i sir Gaerfyrddin'. Yn ôl ei hyrwyddwyr: 'Mae ganddo bersonoliaeth gadarn a hoffus, llais sy'n taranu fel Nye Bevan neu sy'n gallu hudo fel Lloyd George. Pan mae e'n siarad, mae pawb yn gorfod gwrando.' Ond, er iddo swyno – a synnu – etholwyr â'i ddadleuon ffraeth, bu'n aflwyddiannus ddwywaith. Ym 1983 bu Denzil Davies yn fuddugol dros y Blaid Lafur, ac Alan Williams – 'doli bren wichlyd', chwedl Tecwyn Lloyd mewn llythyr at Hywel – aeth â hi bedair blynedd yn ddiweddarach. Bu hynny'n siom arbennig i'r rhai ohonom a oedd wedi edrych ymlaen at weld 'y Llew o Langennech' yn croesi cleddyfau â'r 'Bwystfil o Bolsover' ar lawr Tŷ'r Cyffredin. Does dim dwywaith na fyddai safon y traddodi yno wedi codi, heb sôn am safon y cellwair. Ond o safbwynt llenyddiaeth Gymraeg greadigol, bu'n waredigaeth i bawb ohonom.

Credai Hywel fod grym yn y Gymraeg o hyd, a dyna pam y bu iddo ysgrifennu miloedd ar filoedd o eiriau (gweler y llyfryddiaeth syfrdanol o'i lafur gan Huw Walters yn *Cawr i'w Genedl*), diddanu'r werin ar raglenni radio a theledu, a phrotestio'n gyhoeddus yn ralïau Cymdeithas yr Iaith Gymraeg yn erbyn 'pob cachgi a bradwr'. Ef oedd un o brif drefnyddion y rali genedlaethol o blaid deddf iaith gynhwysfawr a chadarn a gynhaliwyd yng Nghaerdydd ym 1992. Diolch yn bennaf i'w garisma ef, daeth dros bedair mil ynghyd ac ers hynny adwaenir y brotest fel 'Rali Hywel Teifi'. Gallai droi ei law at sawl peth, ac eithrio teipio a thrwsio pethau. Gan fod ei wraig Rona a'i chwaer Myfanwy wrth law yn ddi-feth, a'i ysgrifenyddes radlon yn y coleg, Gaynor Miles, yn deipyddes feistrolgar a hefyd yn meddwl y byd ohono, gadawai iddynt hwy y dasg letchwith o ddehongli ei lawysgrifen flêr. Deinosor oedd

87

Hywel o ran ei wybodaeth gyfrifiadurol a pheirianyddol. A phan drawsnewidiwyd patrymau gwaith Llyfrgell Genedlaethol Cymru gan y chwyldro digidol fe droes ei yrfa fel ymchwilydd ac ysgolhaig yn hunllef. Mewn anobaith, ysgrifennodd yng nghyfrol sylwadau darllenwyr y Llyfrgell fel a ganlyn: 'O'r Bwthyn ar y Bryn i'r Casino Royale: Roulette amdani.' A chyfaddefodd fod ganddo ofn mynd i'r tŷ bach yn y Llyfrgell rhag ofn iddo faglu dros rhyw declyn dieithr.

Bonws i Ann a minnau oedd anallu Hywel i ddygymod â dirgelwch cyfrifiaduron oherwydd fe gaem lif cyson o lythyrau a chardiau post ganddo, yn enwedig adeg y Nadolig, yn ei law ei hun. Byddai'n aml yn fy nghystwyo oherwydd fod y grŵp trafod llyfrau Cymraeg, sydd wedi cyfarfod yn fisol dros y gaeaf yn ein tŷ ni ers Eisteddfod Genedlaethol Aberystwyth ym 1992, yn rhoi marc allan o ddeg i bob cyfrol a ddarllenwyd gennym, gan gynnwys rhai a wobrwywyd gyda chanmoliaeth uchel gan Hywel. Roedd rhyw dderyn wedi dweud wrtho fod nifer o'r rheini wedi sgorio'n isel iawn ac o hynny ymlaen cyfeiriai atom fel 'Assassins Llain Wen'. Fel y dengys y neges isod, doedd e ddim chwaith wedi anghofio fy nhuedd i hidlo gwybed wrth olygu ysgrifau i'w cyhoeddi yn *Cof Cenedl*:

Annwyl Gymro ar wasgar
Wele Cadwaladr Jones [ei ysgrif ar lofrudd o Feirion] wedi'i grogi. Paid ti â mynd ati i'w ailgrogi â chordyn beinder Beynon Davies [fy hen athro Cymraeg yn Ardwyn]. Mae gen i ryw bedwar llun posibl ond ar hyn o bryd mae'r blydi cyfan ar goll ynghanol y llanast 'ma. Fe ddônt i'r golwg o hyn i rywbryd. Mae gobaith o anhrefn; ddaw 'na ddim o drefn ond cyfundrefn. Anhrefn 'for ever'! ... Fe fyddai Iolo yn deall.
     Hyd at awr datguddiad,
          Y Crogwr

Ni chefais i, na neb arall am wn i, wahoddiad i'w stydi gartref, ond rwy'n deall ei fod, diolch i'w annibendod, yr agosaf peth yng Nghymru i dŷ Jeroboam. Dim ond ar ôl iddo farw y llwyddwyd i roi trefn ar ei bapurau a'u hanfon at y Llyfrgell Genedlaethol.

Does ryfedd fod cynhyrchwyr radio a theledu yn ei ffonio'n dragwyddol i ofyn am gyfweliad neu sgwrs. Gellid bod yn sicr y byddai gan Hywel bethau dadleuol i'w dweud ac na fyddai'n oedi i bilo'r un wy. Fe hir gofiwn am ei gamp fel cyflwynydd *Almanac*, cyfres wych Ffilmiau'r Nant yn y 1980au, a bu'n dywysydd meistraidd wrth adrodd profiadau sobreiddiol milwyr Cymru yn y ffosydd yn y gyfres *Cerdded y Llinell*, a ddarlledwyd gan S4C yn 2004. I gyflwynwyr profiadol fel Hywel Gwynfryn a Beti George neu i gynhyrchwyr *Pawb a'i Farn*, roedd cael Hywel yn ŵr gwadd yn her ac yn hwyl yr un pryd. Eto i gyd, pan fyddai Hywel mewn hwyliau drwg ac mor ystyfnig â mastiff, gallai'r chwarae droi'n chwerw. Ym mis Tachwedd 1980, heb ddatgelu dim ymlaen llaw i Hywel ei hun, trefnwyd rhaglen deledu *Hwn yw eich Hanes*, ar batrwm cyfres enwog Eamonn Andrews, *This is Your Life*, gyda Hywel Gwynfryn wrth y llyw. Pan sylweddolodd Hywel beth oedd yn digwydd, atgoffodd Hywel Gwynfryn fod Danny Blanchflower, capten tîm pêl-droed Spurs, wedi cerdded allan o'r stiwdio pan ymrithiodd Eamonn Andrews o'i flaen ef. Ond cafodd ddigon o ras i beidio â gwneud hynny. Eto i gyd, fel y dywedodd Charles Huws, adolygydd rhaglenni teledu *Y Faner* ar y pryd, roedd hi'n amlwg fod y brawd Edwards 'mewn mŵd Muscadet ymosodol o'r eiliad yr agorodd ei enau'. Gwnaeth sylwadau doniol-creulon am ei wraig a phan faglodd ei fam dros draed mawr Moc Rogers wrth ddod i mewn, meddai Hywel, 'Mae hi wedi bod ar y sherri.' Trowyd y rhaglen yn sioe yr anhydrin Hywel Teifi ac, yn ôl Charles Huws, 'dyma'r peth difyrraf a welais ar deledu Cymraeg eleni'. Fel ei wncwl Gwenallt, ar hyd ei oes byddai Hywel yn dweud pethau cwbl annisgwyl (ac annerbyniol i lawer) ac yn mwynhau creu syndod fyth ar syndod.

Mewn tafarn glyd neu ar aelwyd gynnes, gyda pheint a thamaid i'w fwyta o'i flaen, y byddai Hywel ar ei fwyaf difyr. Byrlymai'r ffraethebion a'r storïau, y *bon mots* a'r cellwair. Ceir llun trawiadol o'r Hywel ifanc yn dal tancard yn ei law ac yn canu nerth esgyrn ei ben fel rhyw Mario Lanza glandeg. Yn ôl ei gyd-fyfyriwr Moc Rogers, bob tro y cerddent gyda'i gilydd ar hyd y rhodfa yn Aberystwyth er mwyn cicio'r bar, byddai Hywel yn canu ar dop ei lais. Y tro cyntaf i mi weld Hywel – a'i glywed – oedd yn y Llew Du yn Aberystwyth. Roedd yn morio canu 'I achub hen rebel fel fi' – cân a anfarwolwyd yng Nghymru gan Richie Thomas, Penmachno. Ac rwy'n cofio meddwl ar y pryd, wrth wrando ar Hywel yn canu, 'dyna beth yw ffydd!' Dim ond llawer blwyddyn wedyn y cefais ar ddeall nad oedd y 'rebel' o Langennech, er gwaethaf ymdrechion ei fam a'i chwaer, wedi meistroli hen nodiant na sol-ffa, ac mai canu'r alaw a wnâi. Cyfaddefodd fod ymdrechion ei chwaer Myfi i ddysgu'r sol-ffa iddo wedi methu'n llwyr 'ac mae gweld "Modulator" hyd yn oed heddi yn gwneud donci ohonof'. Dyna pam na welwyd mohono yn canu mewn unrhyw gôr pedwar llais gydol ei oes. Os oes canu yn y nefoedd, gellwch fentro mai canu soprano y bydd Hywel.

Serch hynny, gallai adrodd stori'n gyfareddol o dda. Cefais sawl profiad ohono ar ei orau, ond mae un wedi aros yn iraidd yn y cof, sef hanes y llofrudd o Feirion, Cadwaladr Jones. Roedd Hywel a minnau'n cael pryd o fwyd yng nghaffi'r Llyfrgell Genedlaethol pan benderfynodd adrodd yr hanes am lofruddiaeth Sarah Hughes, morwyn feichiog o'r Brithdir, gan Cadwaladr Jones, ym 1877. Roedd llais Hywel mor rymus fel yr oedd pawb o'n cwmpas yn clywed pob gair. I Hywel, y cymeriad mwyaf diddorol yn yr hanes trist oedd William Marwood, y crogwr cyhoeddus, crydd o swydd Lincoln ac arbenigwr ar y 'Long Drop' neu'r 'Naid i dragwyddoldeb', chwedl y baledwyr. Casâi pobl leol y crogwr cyhoeddus a phan gyrhaeddodd stesion Dolgellau roedd torf wawdlyd yn ei ddisgwyl. Tynnai Marwood arnynt trwy wenu'n ffals a chodi ei het. Ac ar ôl cyflawni ei waith yn effeithiol bore trannoeth, teithiodd mewn cert yn ôl i'r stesion, gan godi ei het a phryfocio'r dorf drwy foesymgrymu'n ddwys ger eu bron. Erbyn hyn, roedd gan Hywel lu o glustfeinwyr astud a oedd yn esgus canolbwyntio ar eu bwyd.

Byddai Hywel yn mynd i hwyl anghyffredin hefyd wrth ddwyn i gof deithiau o Aber-arth i Gaerdydd yn ystod ei lencyndod i wylio Cymru'n chwarae ar Barc Ninian. Yn ddieithriad câi'r ifanc gyngor gan un o gymeriadau'r pentref wrth ddringo i mewn i'r bws. Gwasgai arnynt i wylio menywod y brifddinas: 'Watshwch y blydi menywod ma'r spivs yn iwso i drio câl rhagor o dicets. Maen nhw'n gallu whare â phidlen boi ag un llaw a mynd â'i dicet e' â'r llall.' Pan adroddodd Hywel y stori hon yn Saesneg yng nghlwb pêl-droed Aberystwyth, ni chwerthodd neb yn fwy na John Charles, y 'Cawr Addfwyn' a oedd ar y pryd yn llywydd anrhydeddus y clwb. Byddai Hywel ei hun yn corco wrth sôn wrthym am yrrwr tacsi anhydrin yn Aberaeron a wrthododd symud ei gar er mwyn galluogi Syr Geraint Evans i adael dreif ei dŷ. 'Fi yw'r uchel siryf', gwaeddodd y canwr byd-enwog. 'I don't care if you're the sheriff of Nottingham' oedd ateb chwim y Cardi ystyfnig.

Oedd, roedd Hywel yn arch-storïwr a gallai chwerthin hyd at ddagrau.

Mae'n eironig fod Hywel – yr ysgolhaig a gysegrodd ran helaeth o'i yrfa i'r dasg o ddadansoddi cymhlethdodau dyrys ei gyd-wladwyr – yr un mor anodd i'w gloriannu. Creadur cymhleth a pharadocsaidd ydoedd ar lawer ystyr. Gallai fod yn garlamus ac yn sentimental, yn ystyfnig ac yn gymwynasgar, yn ddeifiol ac yn galondyner, yn watwarus ac yn ganmoliaethus. Chwedl Moc Rogers: 'Rhyw galeidosgop fuodd e 'rioed. Symudwch y bocs ewinfedd a fydd dim dal beth welwch chi na dim dal ychwaith beth glywch chi.' Deil Tegwyn Jones i gredu mai 'hen Softie' ydoedd yn y bôn ac fe wn i sicrwydd fod elfen sentimental gref ynddo a'i fod yn un cynnes iawn ei galon. Byddai ei lygaid yn gwlitho wrth wrando ar ryw Edith Wynne neu Eos Morlais fodern yn canu 'Bwthyn yr Amddifad' neu 'Baner ein Gwlad', a chafodd drafferth i reoli ei deimladau yn ystod ei deyrnged yn angladd Ray Gravell ar Barc y Strade, yn enwedig wrth ynganu'r geiriau 'Dydi arwyr byth yn marw'. Ac er bod dagrau'n agos pan siomwyd ef gan ganlyniadau'r bleidlais ar ddatganoli, ymgysurai, fel Iolo Morganwg gynt, o wybod ei fod yn perthyn i hen genedl anrhydeddus a bod gennym wladgarwyr nobl i'w trysori. Llyfr Saesneg – *The National Pageant of Wales* (2009) – oedd ei gyfrol olaf, portread afieithus o un arall o'i arwyr, Owen Rhoscomyl, ac o basiant fawr Caerdydd ym 1909.

Daeth y diwedd heb fawr o rybudd. Dychwelodd y canser, i'r pancreas y tro hwn, ac un anodd i'w drechu yw'r 'lladdwr tawel' hwnnw. Ar 4 Ionawr 2010 bu farw Hywel, yn 75 oed, yn hosbis Bryngwyn yn Llanelli a'i gladdu ym mynwent eglwys Llanddewi Aber-arth, yn ôl ei ddymuniad. Gadawodd fwlch dychrynllyd ar ei ôl. Gan na fyddai'n disgwyl dim llai, rhof y gair olaf iddo ef: 'rydym i gyd yn chwarae'n rhan yn y gomedi ddynol.' Yng nghwmni ei ddau gyfaill, Moc a Tegwyn, llwyddodd Hywel, yntau, beri i eiriau chwerthin, gan ddod â llawenydd mawr i lawer iawn ohonom.

Diolchiadau

Hoffwn ddiolch yn dalpe i'r bobl garedig isod am ganiatáu i mi fanteisio ar eu gwybodaeth a'u hatgofion:

Pennod 1: Angharad ac Owain Rogers, Huw Ceiriog, John Meredith, Hedd Bleddyn, Berwyn Prys Jones, Lyn Ebenezer a D. Islwyn Edwards.

Pennod 2: Tegwyn a Beti Jones, Huw Ceiriog, Rhŷs ap Tegwyn, Elwyn Ioan, Angharad Fychan a Mary Williams.

Pennod 3: Aerona Edwards, Huw Edwards, Meirion Evans, Tegwyn Jones, Gaynor Miles a Huw Walters.

Diolchaf yr un mor gynnes i staff Archifdy Ceredigion a staff Llyfrgell Genedlaethol Cymru am ddangos unwaith yn rhagor fod amynedd Job yn fyw ac yn iach.

Gan nad wyf yn perthyn i'r oes ddigidol, carwn ddiolch o waelod calon i aelodau o'm teulu am wneud iawn am hynny trwy fy nhywys ar hyd y daith heb rwgnach dim (wel, ambell waith!). Llawer iawn o ddiolch, felly, i Ann Ffrancon, Gwenno a Steve, Angharad a Trystan, Rhiannon a Craig.

Yn olaf, mae arnaf ddyled fawr i'r Lolfa, yn enwedig i Lefi Gruffudd ac Alan Thomas, am gyfarwyddyd doeth.

Gwreiddio

Dros fy mhen
    a'm clustiau